如果我当教师

叶圣陶 著

湖南人民出版社 · 长沙

出版说明

叶圣陶先生从事教育近八十年，可以说他的一生与教育形影不离。教师身处教育工作一线，是教育事业的践行者，担负着传道、授业、解惑的重要使命。叶圣陶先生虽并未直接从事一线教学工作，但在其漫长的教育生涯中，他一直在关注教师群体的工作与生活，关注教师如何提升专业素养与个人修为，也由此对“教师”这份职业有了深入的观察与思考，并有许多感悟和真知灼见。如今我们汇集叶圣陶先生关于“如何当好一名教师”的至理名言，希望帮助广大教师朋友以及关心教育的读者体会叶圣陶先生对教育事业一以贯之的热忱与孜孜以求的探索，也希望本书的内容对当前的教育工作者能有所帮助。

需要说明的是，不同历史时期的语言文字有其特定的风格和特质，基于此，为尽可能原汁原味地呈现原文文本，同时也出于对作者行文习惯的尊重，本书对如下文字均保留原貌：“这其间”（应为“这期间”），“人材”（应为“人才”），“发见”（应为“发现”），等等。

限于编者水平，难免挂一漏万，还望读者朋友不吝赐教、批评指正，在此谨表谢忱。

目录

篇一　教育工作者的全部工作就是为人师表

篇二　如果我当教师

篇三 教师的修养

篇一 教育工作者的全部工作就是为人师表

“要是光能说明某些道理和方法，而在平日的实践中并不按照自己所说的道理和方法行事，那给与学生的不良影响是不必细说的”“把自己的好模样去教人就是‘为人师表’”。

教育工作者的全部工作就是为人师表

我在《教工》杂志去年的第三期上题过如本篇标题的一句话，现在方明同志要我把这句话大略伸说几句，就执笔写这一短篇。

第一点——通常说教育工作分“言教”和“身教”，以“身教”为贵。这是不错的。不过仔细想想，要是自己不明白某些道理，不擅长某些方法，怎么能说给学生听？这是一层。要是光能说明某些道理和方法，而在平日的实践中并不按照自己所说的道理和方法行事，那给与学生的不良影响是不必细说的。所以凡是自己的实践必须跟说给学生听的一致，这是又一层。从以上说的两层看来，“言教”并非独立的一回事，而是依附于“身教”的；或以言教，或不言而教，实际上都是“身教”。“身教”就是“为人师表”，就是一言一动都足以为受教育的模范。

第二点——知识学问无止境，品德修养无止境，这是古今中外凡是有识见的人一致的认识。所以就个人来说，谁也不该故步自封，说我是够了，凭我现在这一身本领，可以应用一辈子了。至于教育工作者，担负的既然是教育工作，就不能不就当前国家的形势，就受教育者的前途，考虑该怎样“自处”。当前国家的形势怎样？两个文明必须大力推进，四化建设必须赶速完成，全国各族人民都在为此而勤奋努力，各方各面都开展前所未有的新局面。受教育者的前途怎样？回答一句话就可以概括：唯有投身到上面所说的洪流中去，各自尽一份应尽的力量。受教育者的前途既然是这样，教育工作者自当从这些方面训练他们，熏陶他们。就教育工作者个人方面来说，当前国家的形势既然如此，自己是全国各族人民中的一分子，本该德才兼备，知能日新，一心为公，实事求是。何况自己担负的是教育工作，无论言教或是不言之教，总之要把自己的好模样去教人，才能收到训练和熏陶的实效。把自己的好模样之教人就是“为人师表”。

第三点——“知也无涯”，没有接触过的事物不能知，没有探索过的道理不能知。现在是二十世纪八十年代，人类的进步事业飞速发展，宏观世界和微观世界的奥秘都有极其丰富的发见发明。但是决没有到了尽头，很可能没有发见发明的比已经发见发明的还多得多。所以谁也不能是全知全能的人，只能是个“知之为知之，不知为不知”的人。教育工作者当然也如此。不过教育工作者必须为当前的受教育者着想，将来攀登新高峰窥见新奥秘的正是他们，非趁早给他们打基础不可。基础怎么打？还是身教为要。事事不马虎，样样问个为什么，受教育者看在眼里，印在心里，自然而然会养成钻研探索的良好习惯。至于一切事物后来居上的道理，历史洪流好比接力长跑的道理等等，虽然只能言教，如果例证确凿，说理透彻，受教育者也会受到良好影响。我以为在当今的时代，这是教育工作者为人师表的极其重要的一项。

我就说以上三点，自知不免有重复处、欠透彻处，请方明同志和本刊的广大读者予以指教。

1984年3月7日作，刊《教工》月刊4期，署名叶圣陶。

如果教育工作者发表《精神独立宣言》

第一次世界大战以后，罗曼·罗兰、巴比塞、罗素等人发表过一篇《精神独立宣言》，说明文化界人士的态度：消极方面，不再受野心家的利用；积极方面，要为自己所抱的正义和所奉的理想坚决努力。

现在，第二次世界大战又过去了。放眼看世界，全不像个“为万世开太平”的局面。在战争尚未结束的时候，大家怀着热切的希望，以为人类该是一种长进的动物，经过了这一场反法西斯的战争，总会把世界好好地安排一下吧。谁知战争结束之后却是强烈的失望。单是心理上的失望还没多大关系，无奈连实际生活上也失望：精神生活与物质生活原是分不开的。在这个时期，岂止文化界人士，各国各民族大多数的人正要联合起来发表一篇《精神独立宣言》，表明消极方面怎么样，积极方面怎么样。这篇宣言至今没有看见，实在也没有人写；可是写在人们心里，写在所有切望“为万世开太平”的人们心里。

把范围缩小来，人限于我国，工作部门限于教育，我国的教育工作者也切需来一篇《精神独立宣言》。

教育事业的目标在辅导下一辈人的发育生长。说到发育生长，其中就含有健全的，善良的，群己两利的，种种意思。辅导不能凭空辅导，必须寄托在实际事为上。知识的传授和能力的锻炼都是实际事为，通过这些实际事为才可以辅导，才可以使下一辈人发育生长。

教育并不是一种孤立性的事业，与其他部门都有牵连。可是，教育决不是一种附庸性的事业，对于辅导下一辈人的发育生长，他负着最直接的责任。其他部门与教育的目标协调的时候，教育工作者自当精进不懈，努力尽他们的责任。其他部门与教育的目标不协调的时候，教育工作者为了不肯放弃他们的责任，就得自闯道路，干他们自己的。曾国藩所说的“一二人”固然不足以收什么功效，但是大群的教育工作者都来干他们自己的，未尝不可以转移风气，挽回世运。

如果我国的教育工作者要发表一篇《精神独立宣言》，我想，其中至少包含以下几点意见。

一、表示教育工作者不再承袭我国传统的教育精神。传统的教育以圣经贤传为教。且不问圣经贤传是否适于为教，而用圣经贤传作幌子，实际上却把受教育者赶上利禄之途，是传统的教育最不可容恕之点。如今的什么学科什么课程也是幌子，实际上也在把受教育者赶上利禄之途。利禄之途无论赶得上赶不上，总之与真实受用是两回事儿，与人的发育生长是两回事儿。发育生长了，得到真实受用了，去干一种事务，去做一行职业，这是尽其所能，不是利禄之途。走利禄之途的是只望不劳而获，损人以益己。这在从前已经不合，在今日尤其是大愚。教育工作者为了要尽自己的责任，不能不表示不再承袭传统的教育精神。

二、表示教育工作者不再无视是非善恶。从前人家聘请来教子弟的教师叫“西席”，西席在馆东家里处于宾客的地位，自然，不便过问馆东家里的事。现在的教育工作者可不是什么人家的西席，而是以国民的身份，对国家尽一份责任，担一份工作。就其国民的身份而言，对于一切事物的是非善恶自该下个判断，立个主张。若说教育工作者是超然的，除了教育而外没有什么判断和主张，那是不通的。生在这个地球之上，就没法超然于这个地球，生在这个国家之内，就没法超然于这个国家。对于一切事情没有判断和主张，只是委心顺运地活下去，岂不跟圈栏里的牛羊相去无几？若说教育工作者处于宾客的地位，有什么判断和主张也不便宣布，那也不妥。非宾客而自以为宾客，不妥。抛却了国民的身份，不妥。畏首畏尾，抹杀立场，不妥。教育工作者教的固然不过某学科某课程，但是某学科某课程之外还有“身教”，而身教的凭借，最重要的是明是非，辨善恶。多数的教育工作者能够明是非，辨善恶，身教的影响所及，世间还有不明的是非，不辨的善恶吗？在今日以前，老实说，教育工作者未免“西席”化了。这对于教育工作者自身诚然是欠缺，因而不能尽教育的责任，尤其是严重的过失。所以要立刻改变过来，从今以后，教育工作者要明是非，辨善恶，有见必言，有言必践，即以此立身，同时也以此为教。

三、表示教育工作者只对人民服务。换句话说，不对某些个人或者某些个集团服务。人民不是个抽象的名词，是姓张的，姓李的，种田的，作工的，许许多多人的总称。

这些人休戚相望，利害与共，教育工作者就杂厕在其中，教育工作者也是人民。教育工作者所以愿意费心劳力，做工作，尽责任，为的希望大家发育成长，不断地趋向美善，尽量地享受幸福。这其间，为人也为己，为己也为人，实在分不开来。唯其分不开来，教育对于教育工作者才是一种有意义的值得去干的事业，好比在自己参加的合作社里担一份职务一样。可是在过去，乃至在现在，教育工作者都有点儿像“老板店”里的伙计，吃老板的饭，为老板服务，主意是老板的，得来的利益也是老板的。教育工作者成了伙计，就只能吹吹打打，滥作商业宣传，说本店的货色顶好，或者一无表示，唯唯诺诺，老板存着些霉烂货色，也昧着良心搬出去卖给主顾；这样，为老板服务是到家了，教育的意义可完全失掉了。教育工作者如果认清自己是干教育的，就决不愿意当什么伙计；唯有在为人也为己、为己也为人的出发点上，才愿意干他们的真正的教育工作。

四、表示教育工作者的终极目标是“为万世开太平”。说万世，多么久远；说太平，多么艰难。但是生而为人，就不能不站在人的地位着想；天文学的观点和生物学的观点固然可以有，然而在作这些观察的时候，已经离开了人的地位了。站在人的地位，就得作这样想：即使太平不能立致，甚至距离很远，可不能不开其端，立其基。否则一直乱糟糟的，战争，饥饿，贫穷，疾病，侵凌，压迫，人将何以为人？开其端，立其基，在乎一点一滴的实干，尤其在乎多数人一点一滴的实干。教育工作者干的是教育，这件事的本身就是那所谓一点一滴；同时他们辅导下一辈人发育生长，也无非要使下一辈人有他们的一点一滴。记不清什么人有一首诗，题目叫《愿无尽》，借他的诗题来说，太平之境无尽，教育工作者之愿也无尽。

我国的教育工作者有切需发表一篇《精神独立宣言》，包含以上几点意见的吗？我愿执鞭而从之。

1947年3月4日作，原题无“工作”二字。刊7日《文汇报》，署名圣陶。

教师怎样尽责任

今年是制定第一个五年计划的年头，全国人民拥护这个五年计划，愿意尽心竭力实现这个五年计划，现在逢到国庆，庆祝的心情特别热烈。我怀着这样的心情写这篇短文，跟教师们共同庆祝国庆。

实现五年计划的是人，第一个计划之后还有第二个第三个，实现这些计划直到建成社会主义社会的是人，而教师就是培养这大批大批的人的，所以教师非常光荣，可是担当的责任也很不轻。这个道理谁都明白，我不多说。我说一说教师怎样尽他的责任。

我想，教师首先要认识他所教的学生。学生的状貌、性情、家庭情况之类固然必须认识，可是我所说的认识并不指这个。

排列在教师面前的学生将做什么样的人，这能不明确地认识吗？学生目前处在什么样的社会里，这个社会将过渡到什么样的社会，他们在这里头将起什么样的作用，这能不明确地认识吗？我所说的认识就指这个。

对这个有了明确的认识，才能就学生的体质方面，知识技能方面，道德品质方面，思想感情方面，脚踏实地地按部就班地做培养工作。这个认识是根本，是源头，不抓住根本，不探到源头，培养工作就成无本之木，无源之水，结果必然是培养不好，徒劳无功——也就是没有尽教师的责任。所以，教体育也好，教语文也好，教史地也好，教理化也好……都不能按"为什么而什么"的公式办事；必须从学生出发，认清楚教体育、语文、史地、理化……跟培养学生的总目标有什么关系，该怎样教才达得到培养学生的总目标。教的是某一门功课，为的是针对着总目标给学生必要的培养。

说到怎样教，对学生还得有所认识。不认识他们身体发展的情形，怎能培养好他们的体质？不认识他们获得知识和掌握技能的过程，怎能培养好他们的知识技能？不认识他们躬行实践该取什么途径，怎能培养好他们的道德品质？不认识他们的思想形成和感情深化的过程，怎能培养好他们的思想感情？这些都必须认识，不然，任你辛辛苦苦地教，实际上只是盲目地教——也就是没有尽教师的责任。所以，生理学、心理学、教育学之类非钻研不可。钻研这些学科越深，认识学生身心就越真，教起来就越有把握。

关于认识学生，就说到这儿。

其次，我想，教师要经常注意，让学生把学到的种种东西运用到实践里去。换句话说，无论知识、技能、思想、道德，教得学生懂不得说不清，当然非常不好，就是教得他们懂得了说得清了，也还是不够，因为懂得了说得清了还可能跟实践脱节。必须让学生懂得一分就在实践里运用一分，懂得两分就在实践里运用两分，才算教得真有了效果。不为在实践里运用，学生还有受教育的必要吗？再打个比喻，把知识、技能、思想、道德教给学生，必须让学生像吃了适当的食品一样，把它充分消化，化为自身的血肉。

这跟前一点有联带关系。对学生认识得透彻，自然会知道学生受教育为的什么，自然会把所教的一切东西归结到实践，因为影响到他们的实践才真是教了他们。

教功课必须用课本，但是讲明了课本，让学生记住了课本，决不能就算了事（不讲明课本当然更不能算了事，那不必说了）。课本只能当工具看，当手段看。通过这些工具和手段，使包含在里头的种种东西在学生的思想、意识、行动、工作方面起积极的作用，这才是目的。教师要尽责任，就得努力达到这个目的。

所以，教语文不仅要学生熟读课本，更重要的在使学生在生活里扩大词汇，掌握语言的规律，增长表达的能力，从文学作品的阅读里提高思想的境界。教自然地理不仅要学生记住课本，更重要的在使学生在生活里熟悉地理环境，无论水流风吹，天气变化，都能知道该怎么样适应，该怎么样利用。教植物动物也不仅要学生记住课本，更重要的在使学生在生活里熟悉周围的那些植物动物，它们怎么样跟环境一致，它们怎么样发育生长，都能知其所以然，而且能利用这些所以然为人们的生活谋福利。……不再一科一科列举了。总之，教学不能不从课本入手，可是决不能限于课本里的语言文字，课本里的语言文字原是实际的反映，必须通过它而触及实际的本身。要是学生头脑里有这么一种印象，课本是一回事，实际又是一回事，彼此连不到一块儿，那就是教学上的大失败。

再说，教给学生行为的规范和道德的标准，不能不用语言讲明一些道理。教师不给讲明，学生就不明白那些道理，怎么能自觉地实践呢？但是，决不能讲过就算，最要紧的还在随时考察学生是不是自觉地实践了。给他们讲，目的就在要他们自觉地实践，要是他们不能自觉地实践，那就等于没有讲，非重新考虑，另想办法不可。列宁说过，对青年的教育不在于灌输给他们一切令人悦耳的道德的辞句，而在于自觉的斗争，在于在日常生活里养成共产主义的行为标准和规范。口头讲说诚然是一种重要的办法，可不是唯一的办法。照列宁的话，好好地从旁辅导，让学生作自觉的斗争，在日常生活里自动地合乎标准和规范，这种“不言之教”是一种有效的办法。还有，教师以身作则，教师本身的行为就是标准和规范，也是一种极有效的“不言之教”。

关于让学生把学到的种种东西运用到实践里去，就说到这儿。

可以说的很多，以上两点是最主要的。要做到这两点，得付出无量的心思和劳动，努力不懈，终身以之。可是，我知道教师们为了在这伟大的时代尽分内的责任，一定乐于付出无量的心思和劳动。

1955 年 9 月 19 日作，刊 10 月 1 日《文汇报》，署名叶圣陶。

先做学生

“只有做群众的学生才能做群众的先生。”毛泽东同志这句话是就文艺工作而言，可是同样适用于教育工作。

活用这句话的精神，就教育工作来说，就是“只有做学生的学生才能做学生的先生。”

一定有人会问，说他大学毕业了，还不够当中学教师吗？还要做学生，而且做中学生的学生吗？或者说他高中毕业了，还不够当小学老师吗？还要做学生，而且做小学生的学生吗？

回答以上的问话是同样一句话：“是的，你们还要做学生。”

“为什么？”

“因为你们在大学里在高中里学了某些学科，可没有学有关教育的学科，如教育学、心理学、语文学之类，所以还得补。”

“选几种有关这些学科的书，业余自己来补修，成不成？”

“当然成。可是无论学什么，光凭书本上说的总还嫌不够，最好有直观的凭证，实践的历练。譬如教育学的书本上说，硬灌式的教学方法不好，启发式的教学方法好，你要认识得真切，可以在教你的学生的时候作检验。检验一阵之后，你就更进一步，笃信启发式确乎好，必须终身以之。在这样情形之下，你的学生在受到实益的同时还帮助了你，他们不是也可以算得上你的先生吗？”

师大、师院、师专毕业的人看到这儿可能要开口了：“教育学、心理学之类，我们学过了，好些地方的学校，我们参观过了，学校管理、课堂教学，我们也练习过一段时期了，难道还不够吗？”

“你们做过的都极有益处，要说够，却还可以考虑。你们参观过好些学校，那些学校的所有情况只恐未必跟你们现在任职的学校完全相同吧。你们练过学校管理，课堂教学，只恐未必能完全照搬到现在任职的学校里来吧。何况如今是一切都要开创新局面的时期，是建设两个高度文明的时期，是全国各族人民齐心协力务必建成中国式的社会主义的时期，谁也不能说学过了就够了，谁都必须随时随刻力求长进，永不停止。所以你们虽然是师范出身，还得继续地学，跟不曾学过师范的一样。”

原载1983年12月22日《中国教育报》

给与学生阅读的自由

我们知道现在中等学校里，对于学生课外阅读书报，颇有加以取缔的。取缔的情形并不一律。有的是凡用语体文写作的书报都不准看。说用到语体文，这批作者就不大稳当。却没有想到给学生去死啃的教科书大多数是用语体文写作的。有的是开列一个目录，让学生在其中自由选择。说目录以外的书报都要不得，谁不相信，偏要弄几种来看，只有一个断然处置的办法——没收！有的更温和一点，并不说不许看什么，却随时向学生劝告，最好不要看什么。一位教师在自修室外面走过，瞥见一个学生手里正拿着一本所谓最好不要看的东西，他就上了心事，跑去悄悄地告诉另一位教师说："某某在看那种东西了呢！"那诧怪和怜悯的神情，仿佛发见了一个人在偷偷地抽鸦片。于是几位教师把这事记在心上，写上怀中手册，直到劝告成功，那学生明白表示往后再不看那种东西了，他们才算在心上搬去了一块石头。——这虽然温和一点，然而也还是取缔。

这样把学生看作思想上的囚犯，实在不能够叫人感服。学生所以要找一点书报来看，无非想明白当前各方面的情形，知道各式各样的生活而已。既已生在并非天下太平的时代，谁也关不住这颗心，专门放在几本教科书几本练习簿上。当然，所有的书报不尽是对于学生有益处的。但只要学校教育有真实的功效，学生自会凭着明澈的识别力，排斥那些无益的书报。现在不从锻炼学生的识别力入手，只用专制的办法来个取缔，简便是简便了，然而要想想，这给与学生的损害多么重大！把学生的思想范围在狭小的圈子里，教他们像号子里的囚犯一样，听不见远处的风声唱着什么曲调，看不见四围的花木显着什么颜色。这样寂寞和焦躁是会逼得人发疯的。我们曾经接到好些地方学生寄来的信，诉说他们被看作思想上的囚犯的苦恼。只要一读到那种真诚热切的语句，就知道取缔办法是何等样的罪过。

教师和学生，无论如何不应该对立起来。教师不是专制政治下的爪牙，学生不是被压迫的民众。教师和学生是朋友，在经验和知识上，彼此虽有深浅广狭的差别，在精神上却是亲密体贴的朋友。学生要扩大一点认识的范围，做他们亲密体贴的朋友的教师竭力帮助他们还嫌来不及，怎忍把他们的欲望根本压了下去！我们特地在此提出来说，希望做了这种错误举动的教师反省一下，给与学生阅读的自由。

刊《中学生》杂志72号（1937年2月1日），署名编者。

给教师的信

一、多刺目的两个字呀

××：

来信收读了。一个初出茅庐的教师，对于教育不免抱着些美妙的想象，听见在行的同事说，这儿的学生非用责打不能制服，你得好好保持你的威严，自然会不相信自己的耳朵。你的惊异是无怪其然的。就是我，看了你的来信也有些怅怅，因为这儿的教育厅已经三令五申地告诫学校，说训育上不得用体罚，而你那个学校仍旧把体罚看作唯一的法宝。我想得很远，想到人们的理解何以相差得这么远，想到我国的教育到底有无改进的希望……结果就来了怅怅。

体罚对于学生心理上会产生什么影响，读过教育课程的人，谁都可以说上一大串，我不想说。我要说的是你来信中所提及的“制服”这两个字。站在利害不同的两边的人，势力较强的一边为了维护自己的利益，用种种方法来压倒对方，使对方没法动弹，这就叫作“制服”。工厂主对于劳工，帝国主义国家对于殖民地人民，手段或硬或软，各有巧妙不同，归根结底，都不离“制服”这个大题目。可是教师跟学生，也是站在利害不同的两边，像工厂主跟劳工，帝国主义国家跟殖民地人民一样的吗？我用尽我的智力，无论如何找不出彼此的相同之点来。然而居然用得着“制服”这两个字，可见在说出这两个字的教师的心目中，他自认是跟学生对立的了。而且对立得那么凶，往极端说，竟与帝国主义国家跟殖民地人民不相上下。既然对立了，还有什么教育可说呢？教育能在教师跟学生对立的情况下进行的吗？可惜他们手中只有教鞭，只有戒尺，我想，如果他能够向军械处领到一挺机关枪，他一定更觉得乐意，会经常把机关枪架在训育处门口——一挺机关枪比起教鞭和戒尺来，更可以把对立的学生“制服”得伏伏帖帖。

你说你不愿听从在行的同事的话，举起教鞭或戒尺来打学生。你说你如果环境使然，非举起教鞭或戒尺来打学生不能耽下去的话，你宁愿卷铺盖走路。你这一个不愿，一个宁愿，我都极端赞同。这是准备认真当教师的人的起码条件。为什么说起码？因为像你这样，至少表示你并不跟学生对立。而教的一切施为，必须不跟学生对立才谈得上。你若一想到“制服”，一动手打，你就跟学生对立了，那时候，你的指导和训诲就蒙上了压迫者和侵略者的色彩，任你说的是金玉良言，对学生全无实益——他们凭什么要领受你的呢？你说宁愿卷铺盖走路，对，环境迫着你教你非照样做不可的时候，那就表明你不能在那个学校里当教师了，自宜一走了事。专任的薪水跟几斗尊师米虽然可恋，但做事得做成个样儿尤其要紧，不成个样儿勉强要做，是痛苦，也是罪恶。

其实环境也决不会迫着你教你非打不可的。你的在行的同事惯用他们的办法，你不妨试用你自己的办法。像你当面跟我说的，您愿意做学生的同伴和哥哥，跟他们一块儿生活，尽力指点他们，帮助他们，这个话虽属于原则，依此推到实践方面，就有了你自己的办法。学生又不是天生的小流氓，小强盗，你好好地做他们的同伴，开诚相与，情同手足，他们又何至于硬要跟你捣蛋？你自己正是当学生过来不久的人，教师对你怎样，你就对教师怎样，这在你心中一定有数。一个随时随地为你设想替你帮忙的教师，你肯故意跟他捣蛋吗？即使他偶尔回答不上一个问题，偶尔说错一两句话，你会就此瞧不起他吗？我相信，当教师的不必装作“万能博士”，也不必装作完全无过的“圣人”，这些虚伪的架子全无用处，只要你跟学生站在一边儿，不跟他们对立。你既然已经悟到了这起码的可是基本的一点，你的办法必然行得通，你可以做一个成个样儿的教师。你不用担忧，恐怕同事们诽笑你，说你讨学生的好，或者说你害怕学生。学生知能方面由你的努力而得长进，就是你做得不错的真凭实据。万一同事们嫌你破坏他们的例规，跟你不合作，迫得你非离开不可，反正你已经下了决心，“宁愿卷铺盖走路”，那时自有亲近你爱戴你的学生们抱着依依不舍之情欢送你，你的卷铺盖走路也就一无愧怍了。

在我当教师的朋友中，有两位是最难忘怀的，他们都故世了。一位是吴宾若先生，与我同在一个高小，他当校长。学生有了过失，或是早晨迟到，或是与人口角，他就把那学生招到面前，细细与他谈话，探问他犯过失的原因，指导他补过的办法。有些学生为了害怕或惭愧，往往死不开口，吴先生就又换个头绪来谈，然后回到原旨，非到学生开了口，而且面容上现出衷心领受的神色不休。这样一回谈话，延长到两三个钟头是常事，吴先生宁愿任饭桶里的饭冷却了，泡些热汤下肚。还有一位是创办立达学园的匡互生先生，他把学生的过失看作自己的过失，每逢跟犯过的学生谈话，他往往先滴下眼泪来。学生受了感动，有时就与匡先生相对流泪，甚至相对出声而哭。这两位先生的办法，近于“爱的教育”式，属于所谓感情教育，也有些人不甚赞同，因为这样太软性了，不足以锻炼学生强毅的意志。可是，模仿现在流行的说法，他们都是认定“学生第一”的，教育事业既是“为”学生的事业，在认定“学生第一”这一点上，他们总该受人敬佩。我不知在现在的教育界中，认定“学生第一”的究竟有多少人。此刻我写回信给你，提起吴匡两位，意思自然希望你也认定“学生第一”。我记得你当面对我说的话，我相信你不会辜负我的希望。

1944年2月16日作，刊22日《华西晚报》，署名叶圣陶。

二、训育的几派办法

× × 兄：

你当教师经历了四五年，当训育主任却是新近的事，你说有没有意见告诉你，给你作个参考。我从来没有当过训育主任，训育该怎么实施，意想中没有一点儿影子，对于自己的儿女，也不知道该怎么个训法。我实在不能有什么意见告诉你。可是，我常接近教师学生，对于学校里的情形还知道一些，知道之后，心中不免起了反应，有时认为这样很不错，有时认为那样不见妥当。现在就把这些写给你看看，或许对你有些微的用处。

有些教师管训育，抱着个“不许主义”，不许嘻嘻哈哈地笑，不许蹦蹦跳跳地跑，不许看小说，不许自己拆收到的信件，这也不许，那也不许，仿佛学生的思想行动没有一种是要得的。这种“不许主义”的结果，可以把学校弄得很安静，很严肃，可是安静之中流荡着冷气，严肃之中透露出萧瑟。学生个个像恶姑面前的童养媳，阎王殿下的小鬼，一副被“吃瘪”的形色。学生被“吃瘪”正是训育的成功，然而没有想到一层，训育的本旨并非“吃瘪”

学生。学校里固然需要安静和严肃，但尤其需要热气和活力。把学生逼成童养媳和小鬼，借以换取安静与严肃，这算什么道理？大凡人生经历，习惯既久，便成自然，如果学生习惯于被“吃瘪”，一辈子具有童养媳和小鬼的习性，这一笔造孽的账可是训育老师担负得起的？并且，你要“吃瘪”学生，学生未必就老实被你“吃瘪”，堤防筑得越严紧，溃决起来水势越汹涌，这就来了学校风潮。通常的见解总以为闹风潮是学生的过错，但是在“不许主义”的训育之下的风潮，所有过错是否都该归罪学生，是值得考索的。

有些训育老师恰正相反，守着“无为而治”四个大字。早晨升旗时候，学生七零八落，唱起国歌来，参参差差，有气没力，他们不管。学校生活太无聊，学生闷得慌，有的从教室中溜了出来睡懒觉，有的索性坐在茶馆里吃闲茶抽烟卷，他们不管。社会的引诱力太强大了，学生不免艳羡，谈谈“飞机”经络，弄一支手枪耍耍，他们不管。他们一只眼睛开，一只眼睛闭，一个耳朵开，一个耳朵闭，只要事情不逼到面前来，或是摆在面前而可以转过头去避开，他们就一概作为不见不闻。这是最省事的办法，“无为而治”，落得安闲清静。可惜仔细想想这个“治”字，就有些未能释然。学校里要够得上这个“治”字，至少每个学生的生活都上轨道，进一步，更要使每个学生的生活逐渐上进，逐渐充实。像这样不见不闻，任学生过着懒散的腐败的生活，“无为”固然做到了，可是学校的“治”又在哪儿？

以上说的两派训育老师，做法虽然相反，却有一点相同，他们的训育都是消极的。现在再谈谈积极的。有些教师特别相信训话的功用，以为自己口里说出什么来，学生耳朵里就听进什么去，而且一听就明白，就记住，就运用到思想行动方面去。他们每逢纪念周、朝会、各种各式的集会，从不肯放弃训话的机会，一训就是一个两个钟头，至于他们的材料，常常是些抽象的道德节目，八德啊，四字校训啊，十二守则啊。讲到礼，就翻来覆去注释这个礼字，发挥这个礼字；讲到义，就翻来覆去注释这个义字，发挥这个义字。他们的训育是积极的，他们要学生好，希望学生接受这些道德节目，这毫无疑问。可是他们没有想想，喋喋不休的训话与抽象的道德节目，对于学生的思想行动到底会有多少影响。大凡在教育学心理学方面稍稍有些研究的人，都相信思想行动的长成，必须随时随地，就事事物物上养成习惯，才属可能。说到养成习惯，就决不是听听训话可以了事的事。第一，必须实践，第二，必须持之以恒，不能实践了一回两回就丢掉。现在专重训话，不很顾到实践，未免把训育看得太简单了。并且，本该是就事事物物上养成习惯的，现在，却只用抽象的道德节目，学生听了礼啊义啊一大套，只觉得迂远难行，与自己的生活联系不起来。结果，学生的一言一动还是表不出诚敬，辨不明是非，与没有受过什么教育一个样。这就可见这一派的做法也有毛病。

另外还有一派注重实践的，常常提出一项道德节目，在一个时期内作为训育的中心，教学生身体力行。他们于是标出“仁爱周”“和平周”等等名目来。在“仁爱周”里，大家要与师长同学相爱，要爱惜花草，要爱护小动物，甚至一个蚂蚁也不可踩死。在“和平周”里，大家要好好相处，你问我，“你好吗？”我得回你一句：“你也好？”相骂打架当然要不得，最好相见的当儿，未开言先赔一副笑脸。这样的训育似乎无可批评，可是我常常见到“一曝十寒”的情形，这就有了问题。“一曝十寒”的情形怎样呢？譬如“仁爱周”过去了，事情就此完毕，往后不说一个蚂蚁，就是作弄一个同学，使他摔跤撞倒，以致头破血淋，也不当一回事了。前面说过，养成习惯必须持之以恒，现在想在一个什么周内养成什么习惯，过了那个周就丢开不管，试问能不能收到实效？咱们知道咱们说话，走路，爱父母，守公德等等习惯，都不是从这“一曝十寒”的办法养成的。做一个人，确乎需要各种好习惯，好习惯累积得越多，其人的生活越上进，越充实，像上面说的“一曝十寒”轮流串演的办法，却说不上养成习惯，更说不上累积习惯。

我开头说，“有时认为这样很不错，有时认为那样不见妥当”，现在看看上面写的，都属不见妥当的一方面，很不错的一方面一点也没有说。老实说了吧，开头我这么说，只是顺着语气之自然，按实说，很不错的却不大有。也许有是有的，可是我没看到，或者我的观察不精，思索不周，因而看不出来。我想单说了不见妥当的一方面，也未尝不好。你如果以为我的话有几分是处，就会在前面所说的几派以外，自己去寻求实施训育的办法。我与你不客气，不妨直说，你自己寻求得来的办法未必就对。但是前面所说的几派的毛病，你总可以不犯了。这一点消极的作用，是我仅能贡献给你的。

你寻求有得，希望随时告知。我虽不在教育界，可是很乐于知道学校里有一个认真尽职，真能使学生受益的训育主任。

1944 年 2 月 24 日作，刊 3 月 1 日《华西晚报》，署名叶圣陶。

三、新的傻子

× × 先生：

接读来信，知道您预备回湖南，设法办个中学，而且希望甚大，如果办得顺利，就将终身以之。现时大家都有些恓恓惶惶，为生活叹气，为物价皱眉，仿佛过日子只是勉强应付，并不是自己安身立命的正轨；而您却想手创一个终身以之的事业，宁走远路，不贪近功，目的无非为当前的建国大业效力，这叫我非常钦佩。我愿您如愿以偿，学校真个办成功，而且办得顺手，在十年八年之后，大家心中都记住您的好成绩。

现时学校的数目也不算少了，大学是至少一省一个，中学是至少一县一个，国民学校据说每保有一个。若就学校的数目看，似乎教育颇受重视，教育事业正在逐步进展中。可惜学校的意义并不等于教育，教育的重视与否，逐步进展与否，还得就另外一些条件看。咱们眼见的实况是一般人办教育往往像衙门公事那么办，像商业生意那么做，且不谈另外的一些条件是什么，衙门公事和商业生意决不跟教育同类是显然的；从此就可以推知教育实在没有受到重视，教育事业实在没有逐步进展。据我的简单的想头，目前的要图不在乎添设什么学校，而在乎把现有的学校好好地办，不看作衙门公事，不看作商业生意，凡所实施都是名副其实的教育，这就很好了。可是您要更进一步，不从现在有的学校入手，而想另外创设一个新学校。据我平日所知于您的，您必然自有一套教育的理想在，所以不愿修坍补漏，必须另起炉灶。世界上有许多怀着理想的人被称为傻子，您对教育自有一套理想，很可能立刻取得傻子的徽号。但这是多么可爱多么不容易取得的徽号啊！

在清朝末年，大家感觉时局日非，那时候对教育抱理想的傻子似乎很多。他们认为教育是一切的根本，只要兴起教育来，政治、经济以及其他各部门都解决了。他们于是开办学校，三间两间破房子就是校舍，找不到同志就以一身兼教各种科目；物质报酬一点儿也没有，他们全不放在心上，宁愿卖了自己的衣服，当了太太的钗环过日子。就现在想起来，他们的方法也许很陈旧，他们的教材也许不见新鲜，可是他们的心是热切的，他们的信念是坚强的。如今四五十岁的人的心中，往往有一个幼年的老师永不能忘，非但永不能忘，而且自知着实受他们的益处——益处不定在各种知识方面，大部在精神上受着他们的熏陶。这班傻子留下这么些影响，他们也可以慰情瞑目了。到后来，这种傻子何以会渐渐少起来，我没有研究，不能说出其原因。至于如今办教育的人，似乎看出了从前那些傻子的毛病，竭力反其道而行之；从前那些傻子认为教育是一切的根本，如今办教育的人却相信教育不是根本，只配做政治、经济各部门的尾巴，既然是尾巴，因循将事，得过且过，也就可以了，何必苦干硬干，徒然消耗自己的生命力？这是他们的全部哲学。我没有接到您的详细开示，不知道您所怀的教育理想是什么；但是我想，您一定不同意于如今办教育的人的想法；同时，你与从前的那些傻子必将同中有异，异中有同，您将是个新的傻子。

募基金，相地皮，修校舍，这些事情麻烦而不太困难。

有一件最困难的事情，不知道您已经得到解决没有，那就是集合同志，集合若干新的傻子，在一块儿实现您的教育理想。我常爱说“搭班子”的话，班子指戏班子。一出戏要唱得好，必须个个角色都好，单靠一两个主角卖力，就不成为一出和谐完整的戏，所以要唱好戏，就得集合各项好角色，搭成个完美的班子。许多教师同在一个学校里办教育，就如唱一出具有永久价值的戏，班子搭不好，根本没有唱好的希望。如今学校里最多的是人事问题，人事问题是个新流行的名词，依我的说法，就是班子搭不好。猜忌，不合作，中伤，为了分配尊师米闹起来，公然怠工而学校当局无可奈何，这一类事情，咱们看见得太多，听见得太多了。大家的心思放在人事问题方面多，自然顾到教育方面少；到了专门搅些人事问题，就完全没有教育问题，其实学校尽不妨关门大吉了。您来信说得这么毅然决然，一定要回湖南去办学校，我想对于搭班子该已有了把握吧？

不满意教育现况的人，如今很多；不但消极地不满，而且积极怀着理想的人，也不是没有；再进一步，有理想且有方法，认定此时此地的教育该从何处着手的人，当然比较地最少，但也决不致绝无仅有。同声相应，同气相求，以您这样的傻子精神，当可发见一些傻子，吸引一些傻子。希望在您的班子里，没有什么人事问题，彼此每时想的，每天干的，都只是些教育问题。

下次惠书，希望告诉我您的具体办法，就是说，您将怎样实施您的教育。如果我有所见到，自当竭尽我的浅见，跟您讨论。何日动身，并盼示及。

1944年3月7日作，刊12日《华西晚报》，署名叶圣陶。

四、关于禁止读小说

××先生：

现在给您写这一封信，只谈一件事情。听见贵校的几个同学来说，贵校绝对禁止看小说，我就想跟您谈谈禁止看小说。

你也可以猜想而知，我写这一封信是不赞成禁止看小说。我并不是因为自己写过些小说，就把小说看作宝贝，以为非叫学生看不可。我也不像有些学生那样，认为一切学科一切作业都可以丢在脑后，只消捧一本小说在手，就可以混日子。我只想说，小说在教育上自有它的价值，教育者应该好好地利用它，以收教育上的效果；不好好地利用它，随学生去乱看，这是消极的办法，我不赞成；见学生乱看，觉得讨厌，干脆来个禁止，这是更消极的办法，我更不赞成。

这儿我说的小说，是指好小说，先得提明。好的小说这个称谓似乎有点儿空洞，诚然；但是我不便在这儿列举若干小说，然后归结一句说，像这些都是好的小说，就只能用一个抽象的称谓了。

好的小说都有充量的文艺性。所谓文艺性，粗浅地说，就是它不但叫人“知”，而且叫人“感”；不但叫人看了就完事，而且留下若干东西，叫人自己去思索，自己去玩味。“感”比较“知”深入一层；“知”是我与事物对立，以我“知”彼；“感”是我与事物融和，彼我不分。再说留下若干东西，叫人自己去思索玩味，这就是所谓弦外之音，食余之甘，比较弦停音歇，食尽味绝，受用处自然多些。一般人喜欢看小说，原因就在这儿。而青年人尤其喜欢，这就心理学方面说起来，自有种种解释，咱们暂且不谈；咱们只消想想自己，在青年时代不是也贪看小说，一部《红楼梦》，看了一遍又一遍，读了迭更司的《贼史》，嚣俄的《孤星泪》，而久久不能去怀吗？将自己比他人，就可知道青年人看小说实在是正常的事儿，绝对不宜禁止。

学校里的课程各个分立，这是不得已的办法，不分立就无从指导，无从学习。但因为分立了的缘故，每种课程往往偏于一个境界，如数学理化偏于逻辑的境界，历史地理偏于记认的境界，公民训育偏于道德的境界，等等。教育的最后目标却在种种境界的综合，就是说，使各个分立的课程所发生的影响纠结在一块儿，构成个有机体似的境界，让学生的身心都沉浸在其中。要达到这个目标，自然须得教育者竭尽心力，师生共同实践，而让学生看小说，也是达到这个目标的可能途径。小说不偏于逻辑的境界，记认的境界，道德的境界，等等，它直接触着人生，它所表现的境界是个有机体，以人生为它的范围。青年人读了许多小说，吸收了许多好的意思，获得了许多人生经验，因为那些意思与经验都是通过了作者的精神的，青年人渍染既久，其精神也就渐趋高深，即使不能与作者并驾齐驱，至少也会与作者同其倾向。青年人的精神与出色的作者同其倾向，不正是教育所求的效果吗？

也许有人要说，要使教育收综合的效果，有咱们的圣经贤传在，给青年人读些圣经贤传就得了，何必读什么小说？这个话问得有道理，请容我回答。我先要说明，小说跟圣经贤传不是相反的，而是同类的两种东西。咱们不能因见“圣”“贤”字样，过分地表示崇敬，见小说的名儿用个“小”字，抱着偏见特别地瞧它不起。为什么是同类的两种东西？因为小说跟圣经贤传都触着人生，都是少数人的精神产物。二者在细节上，由于时代观念不同，也许有些抵牾；但在大纲节目上，却无不同。依我的想法，二者都应该读；我决不像某些人那样，写到圣经贤传就特别加个引号，以表示其讽刺的瞧不起的意思。可是，谈到给青年人读，就不能不分个缓急先后。圣经贤传大多是古东西，现在人读起来，先得打破一重语言文字上的隔阂，而青年人往往没有能力打破。其次，圣经贤传受着书写工具的限制，大多写得简约，简约之极，必须反复涵泳，多方揣摩，方才能够理会，而青年人不一定有这种能力。又其次，圣经贤传就古代的社会和人生说话，虽然其中尽多通乎古今的道理，而青年人总不免觉着隔膜一层，不甚亲切，不如就近代与现代的社会和人生说话来得感觉兴味。当然还有可以说的，现在且不说吧。试再举些具体的例子来谈谈。譬如《论语》，我以为是承受固有文化的现代我国人必须读的，但是教一个中学青年读《论语》，必然遇到上述的三项困难，而感到吃力。又如《史记》，那是最富有小说味的著作了，但是一篇《项羽本记》往往使中学青年头痛。所以，假如圣经贤传非读不可，也只能将程序排得后一点，分量定得少一点，而将同类的小说排得前一点，定得多一点，因为小说与圣经贤传在教育上收同样的效果，而在青年人心理上却比圣经贤传容易领受。

您是国文教师，现在我要谈到您的领域里来了。国文教师的任务，一般人不大肯想，只觉得茫无涯岸；其实也很明白，只要指导学生，使他们能够阅读，能够写作，就可以俯仰无愧了。这儿单说阅读。学生一辈子要看各种的书，所以在学校里必须养成阅读能力。听教师讲过了才明白，这不能算有了阅读能力。必须自己看明白，不含糊，不误会，不但字面的意义了悟无遗，就是言外的意义也体会得出，这才算有了阅读能力。学生这种能力不是一朝一夕所养成的，全赖教师给他们引导，譬如小孩子走路，起先是牵着手走，随后是放了手，可是做着手势跟住他，最后才让他自个儿向前走去，教学国文的方法，细说起来虽然头绪繁多，若能认定一点，使学生渐渐能够自己看书，也就把握住了要领。阅读不能没有材料，国文教本当然是材料，但是死捧住一本国文教本还嫌不够；因为阅读能力要在习惯中才能养成，而一本国文教本的习惯未免太少太浅。因此在教本以外，教师必须指导学生看旁的书。教师指导得法，学生看旁的书也能像看国文教本一样，在先是依赖的成分多，在后是自力的成分多，最后竟可以完全出于自力，这才真个有了阅读能力，真个可以看各种书，受用一辈子了。所谓旁的书当然不限于文艺部门的小说，关于修养的书，关于社会科学的书，乃至关于自然科学的书，都可以作为国文科的课外读物；因为那些书都是用我国的语言文字写的，而国文科所训练的，就在使学生通过我国的语言文字了解一切。不过，小说最容易使学生发生兴味，是其一；教国文虽然不就是教文艺，但文艺的鉴赏实在是精神上的绝大补益，让青年人得到这种享受，非但应该而且必须，是其二。为了以上两点，我以为小说在国文科的课外读物中应该占较多的百分比。

说到这儿，我要结束了。小说在精神训练上有价值，在语文教学上有价值，总括起来，就是它在教育上有价值。

若有明达的忠诚的教育者，必将选定若干小说，收藏在图书室里，把那些书名大书在揭示牌上，并随时鼓励学生去看，甚至限时督促他们去看。但是，贵校却完全相反，干脆来个禁止看小说。我决不敢说您与您的同事先生们不明达，不忠诚，我以为你们大概是少想了一想。做事情想得欠周到，往往会弄成不妥当的。

你们大概是怕学生看了小说耗费时间，以致旁的功课都弄不好，或者是见有些青年看了武侠小说就要往武当山去学艺求道，看了黑幕小说就想为非作歹，干那拆白党的行径。于是认定小说是青年人的毒害，无异于鸦片，非彻底禁绝不可。现在我先就前一项说。你们若认为看小说耗费时间，那就有个前提在，小说虽不是反教育的，而是非教育的。非教育的事物当然该排斥在学校以外。可是像前面所说，你们如果以为有些道理，就可见小说并不是非教育的，而确实是教育的。凡是教育的事物，叫学生去认识，去实践，都不是耗费时间，因为付出的时间自可取得相当的代价。早晨练几十分钟早操，下午踢几场足球，扔几局篮球，为什么不说耗费时间，妨害旁的功课，而加以禁止？原因是那些事项都是教育的。看小说总可以与练早操、踢足球、扔篮球列在同等地位吧？你们既知道看重学生体魄的补益，也不该忽略学生精神上的补益。

再就后一项说。那些武侠小说，黑幕小说，并非我这儿所说的小说。大概你们很能分辨清楚，那些小说，不但你们不赞成学生看，就是我，也不赞成学生看。不过，我的办法不是出一道禁止看小说的布告。我并非要博得宽大的名，实在因为出一道布告没有多大效果。您禁止他们看，他们听命，不敢公开然地看了，但是他们偷偷地看，在被窝里，在茅厕里，在自修室的角落里，你将他们怎么办？您说可以随时地侦察，暗暗缉拿。这种侦缉队似的手段，我就不愿意在学校里施用，这且不多说；试问即使让您拿住了，私看小说该当何罪？再说，他们怕您缉得凶，在学校里果真不看了，但是他们星期天在家里看，放了暑假寒假大看特看，您又将他们怎么办？我说没有多大效果，还是客气的话，老实说，禁止简直毫无效果。您要使学生不看那些坏东西，就是指导他们看好小说，你的指导越周到，越深入，他们从好小说领会到的就越丰富，越精辟。到了那个阶段，他们再看那些坏东西，将要恶心呕吐了，随即丢开还来不及，哪待您去禁止？这是根本的有效的办法，且适合于教育者的风度，希望你们采用。

你们如果以为我的话并非逞臆之谈，请即取消你们的禁令，并且指导学生看好的小说。

1944年3月8日作，刊20日《华西晚报》，署名叶圣陶。

职业与生计

我做了八年的小学教师。有几位老辈的亲戚常对我说："你做教员，总不是个事。些些收入，到手便尽，哪里积蓄得起来？还是及早别想法子吧！"我听了这些话，面子上虽则说一声"多承关心"，心里却十二分的气忿，想道："难道小学教师不是职业么？"这样的感触，受得多了。

前天遇见一位朋友，谈话中间提起了别一位朋友。这位朋友说："他现在担任中学的历史地理教员，月薪八十块钱，又不是国文教员有改卷子的辛苦，真写意哩！"我心中便又起了一种很深的感想：历史地理教员和八十元的月薪，是一因一果吗？是相辅相行的吗？史地教员没有改卷子的辛苦，是占了便宜吗？国文教员担负了这项辛苦，是吃了亏吗？再一想，这样的谈话实在时常听到，也不足为奇。

这样的事一时说不完。我做了小学教师，别界的事不大理会，别界中进取奋斗的情形，晓得的还少，只觉得耳朵里常听得什么“运动”咧，“逐鹿”咧，“捷足先得”咧，眼睛里常看到什么“如荷玉成敢忘大德”咧，“倘蒙照拂感同身受”咧，……永远不断。起初我真不懂所谓“世故”，只觉得大家肯做事，肯负责任，却没有事给他们做，未免辜负了他们急功的勇气。后来看到他们把事弄到手了，责任有得负了，却大家极力寻便宜的道路走；薪金可以多得一些，便大家钻上去；事可以少办一些，便大家退下来：我渐渐觉得自己的判断不对，终于证明我是个不谙世故的人。

从上面所说的看来，可以知道一般人对于职业的观念。他们以为职业是维持生计的，单单是维持生计的；职业是手段，生计是目的。这一项职业所得的酬报——维持生计的程度较高，便是较好的职业；大家都羡慕着它，想取得它。更从反面推想，有私产可以维持生计的人就不必有职业；便是现在有职业的人，只消把所得的酬报储蓄起来，到了够维持将来的生计的时候，也就可以不务职业。总而言之，为有生计问题，才有职业问题，倘无生计问题，便没有职业问题。

观察现在社会的实况，一切的官僚、政客、军人，哪一个不为自己的生计？不过他们所谓生计，范围较广，于衣食之外，还有声色货权种种，也包括在内。他们几曾想到自己的职业是不是有效益，是不是无愧于良心，是不是社会所必需的。此外务农的、做工的、经商的，任各种职业的，辛苦经年，劳劳终身，哪一个不说："我们不为别的，只是要吃饭。"他们几曾想到事业的进取和兴趣？所以他们从事职业，是被动的，强制的，不得已的，并不是自发的，愿意的，负责任的。他们肯做，肯劳动，有一条唯一的索子系着他们，便是生计。倘有别的法子，可以不务职业而维持生计，职业便抛向九霄云外去了。社会内求神祈福的迷信，看风水问星相的习俗，至今还存，买彩票义赈券和赌博的风气，至今更甚，便是我这话极强的证据。

我们要研究把维持生计作为从事职业的目的，于个人于社会有什么影响。有许多事务是很不人道的，然而它可以维持一般人的生计，就也叫做职业。像耕种田地和工厂里做工，所受的精神上物质上的待遇，自然是极难忍受，然而为着少量的佣资，只得忍着苦，耐着辱，不顾自己的人格，放弃天赋的权利，忍受下去。有时也许忘了痛苦，也无所谓耻辱，什么人格和天赋的权利，自然不成话说，只因这个职业可以维持我的生计，便非常感激它。康白情君的《女工之歌》，便是这一等人的心声：

一

我没穿的，
工资可以买穿。
我没吃的，
工资可以买饭。
我没住的，
工资便是房钱。
我再没气力，
他们也给我两角一天。
他们惠我，惠我！

二

我有儿女，
他们替我教育。

我有疾病，

他们给我医药。

我有家务，

他们只要求我十点钟的工作。

我有孕娠，

他们把我几块钱让我休息。

他们惠我，惠我！

这一等人不晓得自己过的是奴隶的生活，也不晓得自己的勤务究竟有什么价值；不识不知，只是要活命。将他们的弱点的总和取个名称，便是“不自觉”。社会中从事生产、维持社会安全的，却都是这等不自觉的人。他们一方面既不自觉勤务的真价值，所以种种业务，但承着前人的遗法和成例，只消一无缺漏，便算充其能量，决没有改善和创新的希望；一方面又不自觉所处的地位，所以不想改革制度，趋向新的合理的生活。这不是阻碍社会进化的两大原因吗？

有许多职业虽是很重要很有意思的，但是从事的人并没有这许多职业的经验和知识，便连这许多职业的自身，也退入无用之列。像医生和教师，一担当养生却病的重责，一担当启导未来的大任，是何等重要！然而考查社会实况，悬壶问世的到处都有，而疾废病死的总数不见减少；兴学施教的遍于乡僻，而衡量真实的效益竟无可指：怎不令人不疑惑这两种职业为终竟没有价值呢？果真就事论事，不杂别情，什么事都简单得很，容易解答，对于一种职业没有充分的经验和知识，那么不干就是了。明知道不能干，却偏要勉强干，这是为何？原来有个生计问题在背后鞭策着他们，不容他们审慎和思量，总得先把这个问题安顿下来才行。什么事务谋干得到，什么事务适逢其会，便算是他的职业，更何暇计度胜任不胜任，能干不能干。他们把职业认作“传舍”，由彼易此，由此易彼，都无不可，只待生计问题指挥着他们走。所以他们永远只有偶然的职业，没有正确的职业。这一等人自然也说不到能够自觉，在社会中很占多数，不是直接生产的职业，差不多都是这等人担负着。从外表看来，他们似乎事事能干，其实事事能干等于一事也不能干。他们和职业既然是偶然会合，不将经验和知识做业务的资本，哪得使他们的职业产生有价值的结果？又因人人要舍去现任的职业，趋向其他的职业，所以便是业务上循例的进行，也时常有所妨碍。一方面他们在那里患得患失，此沉彼浮；一方面业务时虞停顿，社会便陷入于不安全的状态。今日的中国正所谓“非其时矣”！

更有许多事务，从它的本质说还够不上叫什么职业，却有一班人依靠着它维持自己的生活。像贩卖伪品的商人和荷枪背弹的兵士，社会中也就不少。为什么不贩卖真货而贩卖伪品，把伪品卖给他人时心里是怎样想的？持枪威胁别人是何等样的事？白吃白穿究竟亏损了谁？这些都是他们不懂得管也不愿意管的。他们只知道这样做了可以维持他们的生计，就认作自己的职业。在他们看来，什么事情都没有生计重要，只有生计是唯一的重要；能够维持生计的便是正当的，应该做的。其实这等事务，社会上并不真需要它，原没有存在的理由；它所以有存在的立足地，就因为这一等人据它为自己的职业。既然如此，它自然无成绩可言，然而影响却非常之大，社会上直接或间接受他的损害一定不可数计。因为从事这等事务的人固然维持了自己的生计，但同时破坏了别人的生计。从事这等事务的人愈多，生计被破坏的人也愈多，这就是社会大乱的原因。

从以上三段意思，可知在现在的社会中，种种事务只有停顿和弄得一团糟，即使好一些，也不过保持已往罢了，决没有革新和改进的希望。在社会中最占势力的只有几种不正当和没实际的事务，正当的事业反而退居势力极狭小的地位。并且后者被前者破坏，还岌岌可危，几乎不能存立。因此社会只有不安全，只有捣乱，决不能创造出一种新的局面，大家过新的生活。这里头的根本原因，就在一般人的没有自觉。他们吃了苦，不想怎样可以免除不平等的待遇，不想怎样可以解放；任了职务，不想怎样可以对职务尽力；做了恶事，不想怎样累了他人，却只顾奉着唯一的金训——“维持生计”，自然要捣乱秩序，阻碍进化，徒使社会上留着许多耻辱的标志了！要望社会有真实的改造，还得将一般人对于职业的谬妄观念打破，别立一个新的观念才行。

正当的观念，自然要从谬妄观念的反面去求：一边把从事职业看作是报恩，是偿债，一边就应当不承认人间有施恩者和债权者，却另有必须从事的理由。我们试想，我们不能离开社会而生活，说到人生，便含有社会的意味，无论物质的一衣一食，精神的一思一虑，都取资于社会，附丽于社会。社会的存在和进化，全赖我们各各从事职业，努力工作。可知从事职业是自主的，创造的，目的在于谋共同生活，不是报谁的恩，偿谁的债。现在社会中一般的人，明明做的极有价值的事业，却以为唯此所以报人家全我生计的恩，固然愚昧可怜；那一辈滥竽业务，实不胜任的，以为挂着名儿便可交换生计的要件，也是一样的不明白；至于务作不正当的业务，以全一己之生计，这非特报恩，实是作恶，非特偿债，实是赖债了。

我要请你们注意：共同生活是最幸福的生活。你们尽力于职业，便是共同生活的下手方法。果能各各尽力，所收效果远在仅仅维持生计之上。你们想望这个乐境么？如果想望，请先确立了对于职业的新观念！根本既立，就有下列的见解。

有益　有益的职业包含必需普遍的意义，凡可以使人类在物质上精神上得到满足的快慰的，都叫作有益的职业。若是非人类所必需的，或反而有害于人类的，或一部分人受益而余人不得享受的，就不能叫作有益的职业。凡属有益的，必需的程度同，效益的普遍同，所以没有尊卑高下，所以平等。灌园种菜和攻学著书，一样的重要，一样的有价值。

胜任 人的知能，万有不齐，倘若自知明确，择定一种最适于己的职业，自能收十分的效果。原来事务没有胜任的人去干，人没有选宜于己的事务干，勉强牵合，把事务弄糟了，人也气短了，这是个最不经济的办法。我们从事职业，不但当问有益无益，更要紧的是问哪一件有益的事我能不能干。必须自信不疑，知道自己的知能确能担负，然后运用心力去干。这个心力绝无虚耗，无不与社会以良善的效果，无不使施者在物质上精神上得到满足的快慰。

兴趣 一种业务既是我所胜任的，往往锲而不舍，终身以之。因为无论何事，习久则精熟，到了精熟的时候，所谓不期然而然，只觉得干这一件事是一种嗜好，一种浓厚的兴趣，并不受他力的逼迫，自然努力起来。兴趣和努力循环不息，社会的进化也永永无已。

理想的实现 超世间的生活是超人的事。我们所想望的乃是理想和实际一致的生活。我们认为哪一种生活好，总想一蹴而至，竟实现了它，这是我说的理想和实际一致的要求。我们高谈人生究竟和人生真谛，若永远只是抽象的说话，没有具体的事实，于人生实际上丝毫没有益处。从事职业便是人生的究竟的具体的行为，也是理想和实际一致的一个接榫，因为它是一种发展，一种活动。我们的精神生活要直觉它的本体，显出它的作用，总非依托一种业务不可。各个人的精神生活，在各个人的职业上得到着落，否则便是虚玄的想法，无当于实际。

将以上四项贯穿起来，就可以给职业下一个定义：职业是有益于人类的，自己所能胜任的，全体为兴趣所涵濡的，实现我们的理想的一种活动。

然而生计问题是实际问题，当社会中的群众没有全体觉醒的时候，便是对于职业持新观念的人，多少仍旧要受到这个问题的支配；那么理想和行为终不能全然一致，这是何等的烦闷！所以我们对于生活问题必须得个解决。但是持着报恩和偿债的态度去从事职业，决不是个解决；所必需的乃是根本的彻底的解决。这生计问题所以成为唯一重要的问题，就因为有那历史的谬误的结晶体——资本制度。这个制度不打破，各个人从事职业的目的就不得不趋向着它；便是观念改变，实际上还只得趋向着它。我们果真要为共同生活而从事职业，同时就有打破和这个目的为敌的资本制度的必要。要知在资本制度之下，决不容有真的谋共同生活的职业。唯有将它打破，人类方才有合理的生活，社会方才有真实的进化。同时“生计”两字也就不成问题，凡是人类，都有享受满足精神上物质上的欲望的材料的权利。这才是根本的彻底的解决。从此便知生计问题是暂时的，旁支的，独有职业问题是本体的，是永久性的。所以职业的目的决不是生计；决不是为有生计问题，才有职业问题。

据罗骚的意思，人类的冲动大概可分占有的和创造的两种。占有冲动，易于引起种种恶德，自己占有，往往妨害了他人。创作的冲动却不然，我之所得，并非人之所失。我们从事职业，推研原始也是一种冲动，在两方面都可以立足。若是认它的目的为维持生计，便立足于占有的一方面，致使业务没有进化，社会失却辅协的作用，而呈病态现象。对于职业的新观念，却纯粹立足于创造的一方面，所以得增人类的幸福，促社会的进化，后者要说它属于占有一方面，也无不可，不过合全人类为一大我，而求占有，和前者有所不同罢了。社会需求于我们的，便是根据着这个，从事我们的事业。

刊《新潮》2卷3号（1920年4月1日），署名叶绍钧。

记教师的话

时常与担任教师的朋友接触，听见他们谈到对于职务的感想。现在信笔记在这儿。

“担任教师是最贪懒最没出息的人干的事情。无论你教的什么功课，譬如说本国史或是代数学吧，开始担任的一个学期当然要预备预备，免得临时哑场。教过一两个学期，你的那出戏唱熟了，一上场就哗啦哗啦唱起来，好比开留声机。留声机尽可以开一辈子，只要你在人事方面处得好，每个学期总有一张或几张的聘书拿在手上。如果你还能稍稍费一点儿心思，随时插入些新材料，换用些新讲法，那就好比戏场里说的‘某老板又有新腔了’，即使得不到听众的喝彩，至少在唱的人总觉得有劲儿，并非敷衍了事。唱完以后拿起书本踱出教室，就可以什么都不管，享受‘无事一身轻’的妙趣。暑假是那么长，六个星期，多到十个十二个星期。寒假也不短，三四个星期不会少你的。还有国庆校庆以及什么纪念日，填在授课时间表上的课碰上那些日子，就堂而皇之地‘作罢’了。常言道，‘当过三年叫化子，连皇帝也不想当了。’我要套一句说，‘当过三年教师，连皇帝也不想当了。’当然，这是从贪懒的观点说的。怎么说没出息呢？有出息的，‘学而优则仕’，谁肯干这吃不饱饿不死的勾当？你看，某公某公，什么学的权威，什么方面的专家，他们都从政去了，参政员，国大代表，司长，次长，部长。他们宁愿让什么学成为绝学，专家的头衔也不妨情让，决不肯错过了向上爬的机会。爬呀，爬呀，在一个人或一个集团之前低头没关系，重要的是可以操纵大多数人，享受大多数的声色货利。他们都是有出息的家伙，是强者，有意志，有能耐。只有我们这一批弱者，自知对于此道毫无办法，这才甘守寂寞，冷冷清清地当个教师。说甘守寂寞只是句好听的话，拆穿西洋镜，还不是自认没出息的表现？”

“韩昌黎说，师是传道授业解惑的人。我自问不是那样的师。道字太玄虚，且不说它。就说业吧，我除了能在教室里空讲一通之外，根本就是个无业游民。自己既然无业，又有什么业传授给学生？再说解惑。我自己正有一肚子的惑在这儿。美苏冲突呀，外长会议呀，无休无歇的内战呀，越来越涨的物价呀，也说不尽许多。这些到底是怎么一回事，我实在搞不清楚。我的办法很干脆，搞不清楚，索性还它个不闻不问，这就无所谓惑了。可是这个秘诀不便传授给学生，他们青年人也未必肯采用我的消极应付办法，那么，我还有什么能给他们解惑的呢？我自己知道得很清楚，我去上课，为的是每个月可以向会计处领薪水。我对学生也知道得很清楚，他们去上课，为的是他们的时间非花掉不可，为的是他们要一张实在没有用可又不能不要的文凭。我们用同样的手段达到不同样的目的，于是在教室里碰头了，如是而已。”

“我担任教师，起初竭力督促学生写笔记。过了些时要他们交上来让我看。看见有些本子上只有三言两语，有些本子末了儿一句话写了半句就停止了，忍不住怒从心头起，把这几个学生着实骂了一顿。大概是我的骂发生了效力，以后再交上来，全都是写得满满的了。上课时候，学生执笔在手，唯恐漏掉一词半语，急急忙忙地写个不停，时时抬起头来，两颗眼珠慌慌张张地朝我一望，脸皮胀得红红的，直红到颈根边。当然，我满意了，讲得格外起劲。可是有一回讲得正起劲，脑子里忽然钻出来一个怪想头：‘我所讲的全是珍珠宝贝，值得他们这样辛辛苦苦地捡起来藏起来吗？看他们的眼光和脸色，看他们的紧张的动作，真好像面对着珍珠宝贝呀。’这么一想，我愣住了，至少有两分钟说不出话来。我到底有多少珍珠宝贝给他们呢？诠释一个词儿，花上五分钟，讲解一句句子，又是五分钟，打一个比方，说得高兴就是十分钟，话像藤蔓一样爬开来，直到去题千里，不得不用‘再说’把它拉回来，至少也得十五分钟。如果这些并非珍珠宝贝，珍珠宝贝也就很少了。然而学生仿佛以为没有一句不是珍珠宝贝，只怕漏掉一颗半件，成为终身的遗憾似的。他们虽然不自觉，我可感到良心的谴责。当时我很想提醒他们说，‘你们不用捡得这么勤，我这里珍珠宝贝实在有限得很呀！’但是，出尔反尔，成什么话？而且，这碗饭我还得吃下去呢，也就若无其事地讲下去。不过收到他们的笔记本的时候，我再也不敢看了，在桌子上放了一天就发还他们。我怕的是看见自己吐出来的尽是些渣滓瓦砾。”

听了上面的一段话，另外一些教师接着说了。

“我同意你的话。干我们这一行，真叫作反省不得。你一反省，就会觉得自己不知道在干些什么，就会觉得自己简直是个疯子。先就坐在我们面前的学生说。他们是注定坐着听讲的人。小学里六年，正经事务是坐着听讲。中学里六年，还是坐着听讲。升到大学里，坐着听讲的命运还没有完，又是整整的四年。加起来是十六年呢！十六年间，死死板板地坐在那里听讲，要是不感觉厌倦，必然是个神经失常的人。我们在什么会里听人家演说，不是坐了一个钟头就要打呵欠伸懒腰了吗？他们坐着听讲并不是他们要听，是我们要讲给他们听。我们要讲给他们听，他们就非听我们的不可。至于我们为什么要讲给他们听，说来话长，头绪也纷繁，姑且不谈，总之我们是注定要讲些什么给他们听的人。我们各人有各人的一套，只要眼睛望着前面，心里不作什么反省，尽可以理直气壮地哗啦哗啦。一反省可不得了，拿一些不着边际的话语，不很切用的经验，讲给并不要听可又不得不听的一班人听，究竟是怎么一回事啊！我那学校建筑很马虎，教室与教室隔着一层薄板壁，每逢我写黑板的时候，隔壁教室里同事的声音传过来了。那声音呆板枯燥，孤立无助，用有形的东西来比拟，好像一只独木船停泊在绝港里，不要不紧的风吹着它，不要不紧的水波打着它。听，听，听，听，连字眼也辨不清了，只听见一串类似哀叫的声音，使人不乐意听它可又没法避开它。同时我仿佛觉得在隔壁教室里发声的就是我自己，另外一个化身的我在听那哀叫。我为什么要这么哀叫呢？我为什么要每天每天这么哀叫呢？这么想的时候，我几乎确认自己是个疯子了，只差没有丢掉粉笔跑出教室。”

可记的还有许多。以上几位的话可以说是属于一类的，别一类的话，过些时再记吧。

1947年2月11日作，刊《中学生》月刊总184期，署名圣陶。

在言子庙

民国元年〔公元一九一二年〕

六月〔全录〕

一号　晴。到校至早。第一时算术，出题练习，向隅者止四五人，似稍有进步矣，为教师者已觉大增兴趣。则学生与教师之精神固互相提携，互相竞进者也。其一方面失精神，双方斯俱失之矣。第二时为梦冈代上一课。

饭后温度大增，乃催午倦，暖风拂拂，倍觉身酥若浮。视一庭碧草满被骄阳，在伤情人眼中皆是可怜颜色也。

课毕径归家，所定阅《太平洋报》自今日起增字画一幅，计四页，皆近时名流所作，用连史纸石印，既不失真复可久藏，珍品也。

二号　晴。本日为星期，可以稍为晚起以舒积倦，然展转晓床，殊不耐多睡，是以起身亦至早。作致企巩书一纸，将托刘君直设法转寄之，盖邮局固未可通彼处也。

俄而颉刚、岷原来，少坐后偕往母校中。母校自起第二次风潮后，陆某已辞职，校长一席由程仰苏先生暂摄。已出校诸同学闻陆之已去也，有复来此间者，当时状况略已恢复矣。时书玉、中新亦不期而至，膳钟一响，胥入膳堂午餐。未入此堂者已半载，今日饭于此，恍然如在携书包作通学生之时代。人生于学生时期最为愉快，顾此境只许忆及，无从再得矣。当日匆匆过去，至可惜也。

饭后，余五人偕出，啜茗于雅聚，阅报数种。旋至于玛瑙经房，坐有顷，至于王废基，以天有雨意则各自归。

大人以其友人石一方命刻文为“双荐山人”。为刻楷书之阳文，入夜完工，自以为有似乎古铜章也。

三号　晴。到校至早，梦冈迟至，余为代上修身一课。今日热度大增，讲解时汗涔涔下，额背尤为湿透。似此苦恼生涯；将何以久耐，况因热而致劳苦复倍之哉。课既毕，梦冈授余以所领得薪金。接而囊之，乃增种种之思念。以为余家贫，所入苟倍此数，亦未嫌其多。然利之生由于有裨益之劳动行为，而余之为教师，学生果受其益乎？一虑及此，更将惶愧无地。且教育事业虽云间接生利，决非提倡直接生利者所嘉许。以口齿之微劳，而虚糜此二十番佛，思之复难以自为解嘲。以此两者而并以前之一端，则为教师受薪金，方且以为莫大之侥幸，然余复视此中为至苦。甚矣，余之愚非唯不合时宜，且更不近人情矣。

归家后阅报作消遣。大人近患腹泻，今日请桑秩卿先生诊视，云系湿重之故，且老年血衰，胃力薄弱，宜主素食以待其愈。余唯望一服其方，遽霍然疾若失也。

四号 雨。洗膳已，往请桑秩卿先生，盖大人须复诊也。

到校尚是极早。今日梦冈只来上一课，余仍托我三人代上，谓此一星期中只得重劳诸君矣。是以余复连上五课。

课既毕，与森伯闲谈及诗。森伯为述近时某君之两佳句云："夕阳红□路，春水绿柴门。"盖已忘其一字矣。描写天然真景，叹为绝作也。

既而至母校，晤颉刚及今年五年级诸同学。《学艺日刊》纯系该一级人撰述，出版已四期，蒙尽以见赠焉。旋岷原亦至，谈笑多时乃归。

今日桑先生所开药方，大人早已服过，泻因少止，舒畅较昨数倍，盖其方有效者也。

再，明日为伯祥父吊期，吊礼已同颉刚合送；而灵前一拜，牵于校务，势有所不能。朋友之谊未免未尽矣。

五号　阴。到校弥早。第一课练习算术，出题较难，误者已大半。盖儿童之智力有限，举一反三之能力尚未之具，诚不足深责，然已足令为教师者减其趣矣。

下午，课既毕，至桂芳，遇同学有二十余；久不晤面之令时，今日亦偕书玉同来，乃相与聚谈。笙亚亦在座，所语多至理名言。余常以为别君三日，必有新语精语饷我耳；学问日进，君可以当之无愧耳。日长如年，茶肆消磨竟仿佛有半日之长。

茶室人散，与笙亚绕道过王废基以归。几池蛙鸣，自成佳奏，漫天云影，恍睹奇峰；笳声动而转静，花气幽以弥香：盖入绝妙诗景矣。借我笔秃，无足以咏之。

六号　晴。晨到校亦至早。休息时，间与选青、森伯谈世界幸福之产出法。选青谓：世方重商，种种罪恶未始不由此而发生，当首务农业，则民生充裕，得各乐其生，方可返于太古入于大同也。此言也，余深然之，盖即社会党党纲奖励实接生利之一条耳。

下午课毕后，偕森伯散步观前一周而归。晚侍大人薄饮一盏。灯下作一五律，盖咏太平洋画集中之一幅也。

七号　阴而间有雨，盖梅子黄时矣。晨到校亦至早。近来诸生于既入课堂而余未入之时，多嚣乱不堪。夫见教师而安分者，决非好学生，其安分盖恐教师之见责也，贵在教师并不在侧而能谨守规则，举止安详。余无状，不能使诸生有自治能力，思之只益汗颜耳。

第三时代梦冈上四年级课堂。课堂次序杂乱已极。余初意训斥之，继以非久相习而止。此班学生且忘来校所为何事，余实深为之悲焉。下午课毕后即归家，值此困人天气，至长之光阴，唯有以横卧读书报了之。

八号　晴。到校又弥早，上课几时，亦无可记处。唯翻诸生练习簿，听诸生讲解答问，时每悄然自思而抱歉曰“我负诸生”，此念则无一时或置耳。下午，课既毕即亦径返，盖不入市廛，近亦渐成习惯矣。一塌晚梦或一编小说，亦至不恶也。

大人酌酒时谓余曰：能粗具学识，卜宅名山水之旁，辟地为园遍种植物，种植之法必精，使出产品恒优于其他，以所产出易我衣食，当无不足，人生至乐无过是矣。又谓：

人生行乐耳，衣食之间务当求其适。乃有家拥巨资，而其自奉则敝衣粗食，自苦乃尔，不知其所拥资何用。

九号 晴，星期休假，晨起较晚。洗膳已，走访岷原，方在批阅学生课艺。正眉皱时候见余至，弃置之矣，即与偕过颉刚。颉刚书多，往往所未见，随意翻阅，乃成久坐。继三人偕出，至玛瑙经房，则又久坐不思行矣。余购《小说月报》第三期焉。时渴甚，乃茗于雅聚。

午时既过，各急归饭，订饭后游怡园，一畅尘怀。三句钟时二子果来，乃即拔足，至则园门虽设而未关，守者二三殊不来逐客之令，盖殆以如我侪者，非裹物而逃之流耳。此间亭榭尚是六年前旧相识，寻径时误，对花忆昔，壁间书画都非曩所见矣。荷厅近正修葺，妆饰殊丽，立对山以望，则相与叹曰：绣闼雕栏，非不豪富气象，然置之园林，园林逊色矣。周览各处辄相与品评，曰此处宜开筵，此处宜独酌，此处宜读书，此处宜静卧。终则坐憩于一亭，鸟语四围，凉风一襟，复慨然谓曰：园林静住，亦大怡我情，人生得此，云何不乐；顾乐志有论，买山无钱，奈何哉。废然而出。

至观前遇李二我，邀往桯芳茶话。李本社会党主任干事，素能热心办事，近受某某之攻击，已经辞职，其言语之间以经此挫折，颇含悲观。然其热心不少减，以个人之名义竭力捐募经费，创一平民学校，收女生及幼年之男生，教员悉聘女士，开课已多日；捐款充裕，当再办第二平民学校云。

茶既散，随岷原至其校中，开窗畅谈，颇多狂语，只可闻于知己，不足为外人道也。

十号　晴。到校亦不晚。第二课修身，讲“独立性质”，为述鲁滨孙绝岛漂流事，诸生聆之笑口咸开。闻所未闻，趣味弥永，固普通之心理，而于儿童尤为加甚。借此便利，语以古人懿行，为益多矣。

下午，课既毕，与同事闲谈。选青家产杏，近正纯熟，特采数枚以相饷，芳香攻鼻，鲜红甚爱，归以分食家人，味至甘冽，佳品也。

晚间侍大人小饮一杯。灯下危坐，足成近日所得句，为一七律。无以为之题，即以《失题》题之。

十一号　晴。晨到校亦尚嫌早。天气陡热，头部腾胀，上课讲解殊为苦恼。顾暑假期尚隔多日也。下午末课令诸生温读旧课，其声和谐如鸣鸾凤，聊足以驱睡魔。学既散即归家，阅报之外，更无所事事。

十二号　晴。到校正及上课。第一时算术，出题练习。题较难，对者又仅其大半，盖余诸人本未甚明了，逢题较难，固应缩手。盖以余之不良于教授，无术以使之上侪于其他，误彼青年，余罪重矣。愿祝若辈慧心陡长，豁然大悟，问出余口，题出余手，皆能答能作。苟有此日，余心乃若脱重罪矣。

下午课毕后，寻笙亚于怀兰之家。盖笙亚有英文弟子二，日必假怀兰家授课也。至则果在。酱业小学课尚未终，故子明亦在。乃偕二子作闲谈。旋啜茗于桂芳，遇中新、慰萱，皆多日未见矣。时常相处之友，偶不常晤，乃似久别，此情亦至奇者。

茶散，同至最可爱之王废基。高柳送风，暮云咽日，顷之热焰万丈已无剩余一缕，爽快极矣。谈次，言及世界奇景异事至多且繁，必漫游天涯，方云人生至乐。笙亚曰："譬我身为异国人，今来此游历支那。支那之文字语言我已解之，支那之风俗性情我已知之，似此一思，其乐何如！能作如是观，随处皆乐，不然希望无穷，的终未达，乐向何处求哉！"

十三号 阴。晨到校亦正好。第一时讲修身，并未预备，敷衍称述，毫无精意，自任此席以来，此为最不堪矣，笔之以志我过。

余上诸课，都索无生气，且诸生于规则上时有所犯，致秩序纷乱。以余性躁，戒之不悛，乃成忿怒，强抑其怒，是为大苦，以此任受此职，常如坐针毡，时思引去也。欲去又不得去，奈何！下午课毕径归。

入夜风雨大作，窗纸尽湿。农人望水眼欲穿矣，此雨甘霖也。特自苦恼人观之，已仿佛秋风秋雨，为添愁材料耳。

十四号 竟日大雨。晨到校尚早，见庭中积水已有一二寸，微风动处也生波澜，仿佛池塘矣。儿童中有以其手工成绩之纸折船置之水面，以细竹撑之则缓缓前进，遇石而止，则群呼曰“触暗礁矣”，皆鼓掌大笑。似此情景，乃觉少有乐趣。特儿童顽劣之举动，总多于此等纯出乎天真者耳。

放学后即归家。阅报已，读《楞严经》数页，后即弃置。灯下学写梅花，未能成一幅也。

十五号 阴。晨到校甚早。上课竟日，无感触，无心得，无可记焉。唯接得颉刚书，谓近过伯祥，状至窘急。同是寒苦人，止能作惋叹，无以作臂助。特我尚有一席地，补助一家衣食，差足相安。伯祥则全家担负，寄栖无枝，为尤可悲也。

课毕即归家。水云飘扬，细雨时洒。明日星期，恐为雨囚置我家中也。

十六号 晴。晨起大早。儿童遇放学，每半夜不能合眼，盖放心已在舍外矣，余之早起亦仿佛类是。

洗膳已，走访岷原，但君有事须至阊门，不能同作此一日之消遣也。独至观前，遇企巩于途，盖大后日为旧俗端阳，乡村学校徇风俗放假三日，故暂一回城也。乃偕之啜茗于桂芳，中新先在焉。企巩乃述其在乡之状况，谓该处学生性至诚朴，课余之遐则群来相亲，导游各处田头村角，往来审矣。学生或采得一花，则来供水盂之中，或撷得一桃，则谨来奉以相遗，物虽微，情弥深且真也。时或聚诸生教以人须洁身自好，无累人鞭策等语。诸生听之亦深铭肺腑，无或之忘。诸生游戏则附而和之，或更提而倡之，是以僻处穷乡，乃多乐趣。映娄本此校主任，余聆企巩之言，知企巩之劳瘁反较映娄为甚。企巩之性婉而柔，于小学为至当，以较于余，不如矣。又谓一日邻家娶妇，经村人来邀，入座作上宾，肴至粗，别饶风味，盖至情固甘于甘肴也。余与中新闻此不禁神往。时已午矣，乃各自归。

余家今日祀先，祭毕即饭。饭已再至桂芳，则同学十数人皆已先在矣。半日之光阴竟复虚掷于此中。归时购“东方”十二号《教育杂志》二号各一册。

十七号　晴。晨到校至早，上课之时殊无精采，课堂秩序亦杂乱不堪，总而言之惭愧而已。

课毕后独至桂芳，企巩亦继至，相与论教授管理之方法。余亦自以为殊非门外，乃施之事实，每未见有效。知之而未能行，殆仍未之知耳。抑余之性止宜于推想与知，而未宜于实行耶？苟其若此，则言论界诚余之乐土矣。且此因余所最醉心者，顾安从足我愿望哉！既而令时来。令时非常相见者，乃多谈话材料，听其言知其亦至不得意也。

茶罢，偕企巩、子明散步王废基，中新、慰萱以次至。盖此地固恢复精神之佳处，我诸同学视以为胜地者也。每当夕阳欲下，笳吹微动，则见负手而盘桓者，必余同学中人。伫立多时，偕至于草桥母校。课余之时，诸同学多绕廊散步，或携手并语，睹些情景，羡煞做学生矣。

归家已是入夜，灯下作七律一，题曰《柳花》，寄感也。

得句已十数日，今仅足成而已。

十八号 晴。晨到校正好。终日上课，仿佛任审判官，每一小时中，诸生之控告必七八起，非彼骂我，即此打彼，无术以使之止讼。亦余之感化力弱之故，亦余之一罪状也。

课既毕，如释重负。明日为旧俗午节，放假一日，则又喜不可支矣。急至桂芳瀹茗坐憩，老同学数人亦在，间或作枉谈，于意至适。

茶罢，偕中新、企巩至王废基，笙亚旋至。伫立远眺，凉风入襟，何其幽也。归途过母校门前小石桥，诸同学俱在，因亦小坐石栏。群皆欲闻企巩乡间之所遇。企巩为一一道之，众皆乐甚。归家已八句钟矣。

今日得张藩室书，未通音问已久，今承先施，情意弥厚，当有以报之。

十九号 晨醒来适大雨，只闻阶前作碎玉声，乃愁甚，为难以出门也。起身后作书与藩室，告以余近状，累累几及千字。既而雨渐停。余则手“东方”一册读之。

饭既毕，则云消日出，湿地全干。乃走访企巩，不遇；转访怀兰，坐谈良久。偕过笙亚而共茗于桂芳，则企巩、慰萱、中新、令时等已先在矣，互调作闲谈，消时弥速。

茶散，诸人偕至草桥母校寻刘君直等闲话。知此间于星期五起将举行学期考试，不出此月行放假矣。旋再至王废基。营中兵士蓄雏鸭无数，持长竿驱之归，其行路，其鸣声，皆极有乐趣，观之亦足移情。

时天已垂黑，中新、慰萱且归，余与笙亚随之，挑灯狂谈，各自抒其牢骚。光阴去不复还，世态较魔更险，出自母腹已与忧患俱来，不生太古世，大不幸矣。继各转而得旨，谓只宜姑作达观，且自随缘，身健康之外，本无所谓乐也。辩论之间颇阐哲理，惜作记时尽已忘却。

二十号　晴。晨到校颇早。第一课修身，讲“戒迷信”，自以为颇能道破迷信之无谓，乃诸生犹至多疑问，习惯之于人深矣。此害不除，社会魔障也，然除之复至难，奈何。

下午课毕，即自归家，燠热殊甚，乃即洗浴，浴罢披衣，竟体凉生。侍大人晚饮，尽一斤。久未多饮，今宵差畅耳。

廿一号　晴。晨到校至早。综计今日上课，课堂秩序较余日为镇静，是以胸次亦略觉畅适。

课毕后，走访伯祥不值，寻中新于慰萱之校，遇之，偕游植园，自光复后第一日开放也。异花佳树盛似去年，士女如云，宛然盛世光景。若辈殆亦只解欢娱不解愁者耳。

桥栏偶俯，皱着一流碧水，抚时感己，怅然以叹。游览既倦，茗于莲西舫，红莲已绽，碧叶正妍，清香时送，意自为远。令守者调藕粉食之，真有泛棹西子湖风味矣。游倦，至王废基，旋即遇企巩、慰萱等。诸人观营中兵士试马，伫立又复多时。

廿二号 晴。晨到校至早。正午放饭时，余级中某生于途间以石击一年级中某生之首，皮碎血流，遂酿成两家家长之交涉。见此事之学生争采相告，而投石之生闻已为其父责打，来校之后，梦冈复打其手心，盖除打实无法以处之。然打总系属消极一方面，必焉使令之为而不肯为，则庶乎其可。今若此，又余之咎矣。

课毕至桂芳，遇伯祥、硕民，因同座。伯祥告余以近状至窘，谋食无地，待食有口，经大故后虽债台未可言百级，然亦颇巍巍。一切商家固犹适用阴历，是以午节以前，常晨出暮归，避债友家。呜呼，衣食之靳人竟至如是，推原厥由，则以金钱为绍介物之可恶耳。如伯祥者，即论其才其识，亦非宜困苦者流。我悲伯祥，我悲世界，岂人人快乐之黄金世界，真只应悬诸理想中耶！

既而封百、宾若至，谈亦良久，乃偕至王废基，则慰萱、中新、企巩及母校诸同学均在。团聚闲语，诙谐杂作。及夫风吹袭襟，星影侵池，则各自归。企巩明日下乡矣，为道珍重，别虽非久，意颇恋恋也。

廿三号 晴。星期日休沐，例得晚起。起身后，闲视庭中凤仙，十数株都已着花，绚红可爱。此系鹤顶佳种，于去年觅得者。眼界中经此点缀，已觉满饶秋意思矣。境犹心造，莽莽余怀，固无往而不秋也。

饭后也笙亚，偕至桂芳，则复作半日之勾留。阅报而外，唯有静坐，顾天气熏燠，似此乃可不之觉，计亦良得。归时即晚膳。灯下作小词一首，意颇平常，然亦姑存之。

廿四号 晨起时即阴。到校还早。至十句钟遽尔下雨。诸生都未携雨具，午时放饭，则若母若祖，或姐或兄，均持雨具而相待矣。睹此情境，弥长家庭欢乐之思。长者之属望其子弟，子弟之乐迎其长者，其间纯乎至情，不可描摹者也。亦有无人送雨具竟未归饭者，则苦矣。

课罢即返家，灯下复作小词两首。

廿五号 晨醒来即闻窗外雨声如奔涛走浪，一泻千里；复如千军万马冲拥而来。拖泥带水到校，殊为难事矣。途上多积水，深数寸，远远望之仿佛浅水池塘，绕道而行才以避去，然雨斜而急，伞失其效用，已浑身湿透矣。校中无可更易，恃体温熏之使干，然易致病，不可为训也。

遇此大雨，于是学生来者绝少，余课堂上止有十二人，与之温习旧课，情近敷衍而已。余因之而叹我国贫室之众也，或则无伞，或则缺靴，宁缺课而不归校，大半坐此耳。亦有雨具均全，而父母爱子情深，曰"我爱儿恐为雨溶化去，可毋到校。"于此，我则又叹家庭之不善良矣。

雨势于午时始停。课毕后至怀兰家，盖我侪将觞伯豪先生于此，而兼请雨生先生也。既而两先生至，遂设席，同座为笙亚、岷原、怀兰、慰萱、书玉，计共八人。团坐欢饮，其乐无可名状。两先生语辞间多策励意，惭无善状以副盛意。伯豪先生复曰："同学一堂，固无别说，而既不同学，则分手各天，往往而然。如诸子之既出校门而团聚依旧，亲爱仍然，盖亦寡矣。"先生此言诚深知吾侪者，人生得此，已是幸福。

廿六号 阴。到校亦早，应时上课，亦无可记者。课毕，慰萱来，与偕至母校，则所见之人至少，乃至怀兰家，晤笙亚、子明辈。既而与怀兰过颉刚家，邀之出，再去怀兰家，对坐长谈，颇觉惬意。母校同学所出《学艺日刊》已停版，共出百余页，中有《天游杂话》一种。“天游”系颉刚新字，以性好游也。其中亦皆记胜地之游踪，叹名山之靳遇，语词温雅，洵笔记中之上品。

廿七号　晴。晨到校尚早。学生见余至，即纷来聚讼，显分两派，互相攻击，聆之颇觉不适于心。盖余方喜余课堂上学生尚有天真，即偶尔相怒，亦如雨过天晴，绝无芥蒂，今乃若此，岂不可恼，于是训以人我之见须泯等语。既而于表面上观察，似已能领会，究有实效与否，未可知也。

课毕至怀兰家，晤笙亚、怀兰。二君正在偿人书画债，乃从旁观之。既而与笙亚茗于桂芳，伯祥、硕民亦在。旋见振声至，久未相见矣，问一般同学近状，余俱以告之，乃去。茶罢偕笙亚至慰萱校中，未之遇；乃至王废基，则遇之，中新偕焉。观数人驾自由车，颇觉爽快。

廿八号　晴。到校亦早。下午课毕后，桂芳独坐，既而笙亚至，继之而岷原、中新至，则相与剧谈。茶散，王废基观人踏自由车，风景依然如昨日也。

廿九号　晴。到校亦早。天气热矣，上课时头部满缀汗珠，拭去旋生，殊为难过。一堂四十人，诸气混杂，酸香风味颇须领略，亦可厌也。

下午课毕，径自归家，尽去衫袜，乃觉少舒。堪喜明日又是星期矣。灯下作词二首，调依《菩萨蛮》。

三十号 阴。晨起至早，至岷原校中少坐，即偕过颉刚。壁上置黑板，余即以昨所作词书其上，盖不则亦须邮寄也。既而三人偕出，至于母校，考试已毕，都束装归去矣。膳钟一动，即就食膳堂，午膳虚坐固甚多也。饭已，偕茗于桂芳，微有细雨，故所遇友人至鲜。

茶已，再至颉刚家。案上有画报，画一时装美人，绝佳。提笔临之，无意之间竟画得一绝妙庞儿，全不类原画而风姿过之。思再画一回，则易稿几回未有能成。颉刚曰：“天下最难得者，缘，笔底风度，何堪再现哉！”稿为其从弟携去，不知其何以处此，亦得免薄命之感乎。

岷原归校，余与颉刚且随之。岷原按风琴，余与颉刚曼声和之。歌为七年前所习者，颇忆当日情景，宛然在目也。

天既黑，余乃归，颉刚送之过学宫之后。一角宫墙，几重殿阁，参天古树，铺草小桥，于模糊中视之，但觉心与世远。小鸟眠犹啭，池蛙夜初鸣，虽有声响，转增静致也。颉刚曰此境幽绝，未易于吴地遇之。

篇二　如果我当教师

我认为自己是与学生同样的人，我所过的是与学生同幕的生活；凡希望学生去实践的，我自己一定实践；凡劝戒学生不要做的，我自己一定不做。

如果我当教师

我现在不当教师。如果我当教师的话，在“教师节”的今日，我想把以下的话告诉自己，策励自己，这无非“以后种种譬如今日生”的意思。以前种种是过去了，追不回来了；惭愧是徒然，悔恨也无补于事；让它过去吧，像一个不愉快的噩梦一个样。

我如果当小学教师，决不将投到学校里来的儿童认作讨厌的小家伙，惹人心烦的小魔王；无论聪明的，愚蠢的，干净的，肮脏的，我都要称他们为“小朋友”。那不是假意殷勤，仅仅浮在嘴唇边，油腔滑调地喊一声；而是出于衷诚，真心认他们作朋友，真心要他们作朋友的亲切表示。小朋友的成长和进步是我的欢快；小朋友的羸弱和拙钝是我的忧虑。有了欢快，我将永远保持它；有了忧虑，我将设法消除它。对朋友的忠诚，本该如此；不然，我就够不上作他们的朋友，我只好辞职。

我将特别注意，养成小朋友的好习惯。我想“教育”这个词儿，往精深的方面说，一些专家可以写成巨大的著作，可是就粗浅方面说，“养成好习惯”一句话也就说明了它的含义。无论怎样好的行为，如果只表演一两回，而不能终身以之，那是扮戏；无论怎样有价值的知识，如果只挂在口头说说，而不能彻底消化，举一反三，那是语言的游戏；都必须化为习惯，才可以一辈子受用。养成小朋友的好习惯，我将从最细微最切近的事物入手；但硬是要养成，决不马虎了事。譬如门窗的开关，我要教他们轻轻的，“砰”的一声固然要不得，足以扰动人家的心思的“咿呀”声也不宜发出；直到他们随时随地开关门窗总是轻轻的，才认为一种好习惯养成了。又如菜蔬的种植，我要教他们经心着意地做，根入土要多少深，两本之间的距离要多少宽，灌溉该怎样调节，害虫该怎样防治，这些都得由知识化为实践；直到他们随时随地种植植物，总是这样经心着意，才认为又养成了一种好习惯。这样的好习惯不仅对于某事物本身是好习惯，更可以推到其他事物方面去。

对于开门关窗那样细微的事，尚且不愿意扰动人家的心思，还肯作奸犯科，干那些扰动社会安宁的事吗？对于种植蔬菜那样切近的事，既因功夫到家，收到成效，对于其他切近生活的事，抽象的如自然原理的认识，具体的如社会现象的剖析，还肯节省功夫，贪图省事，让它马虎过去吗？

我当然要教小朋友识字读书，可是我不把教识字教读书认作终极的目的。我要从这方面养成小朋友语言的好习惯。有一派心理学者说，思想是不出声的语言；所以语言的好习惯也就是思想的好习惯。一个词儿，不但使他们知道怎么念，怎么写，更要使他们知道它的含义和限度，该怎样使用它才得当。一句句子，不但使他们知道怎么说，怎么讲，更要使他们知道它的语气和情调，该用在什么场合才合式。一篇故事，不但使他们明白说的什么，更要借此发展他们的意识。一首诗歌，不但使他们明白咏的什么，更要借此培养他们的情绪。教识字教读书只是手段，养成他们语言的好习惯，也就是思想的好习惯，才是终极的目的。

我决不教小朋友像和尚念经一样，把各科课文齐声合唱。这样唱的时候，完全失掉语言之自然，只成为发声部分的机械运动，与理解和感受很少关系。既然与理解和感受很少关系，那末，随口唱熟一些文句又有什么意义？

现当抗战时期，课本的供给很成问题，也许临到开学买不到一本课本，可是我决不说："没有课本，怎么能开学呢！"我相信课本是一种工具或凭借，但不是唯一的工具或凭借。许多功课都是不一定要利用课本的，也可以说，文字的课本以外还有非文字的课本。非文字的课本罗列在我们周围，随时可以取来利用，利用得适当，比较利用文字的课本更为有效，因为其间省略了一条文字的桥梁。公民，社会，自然，劳作，这些功课的非文字的课本，真是取之不尽，用之不竭；书铺子里没有课本卖，又有什么要紧？只有国语，是非有课本不可的；然而我有黑板和粉笔，小朋友还买得到纸和笔，也就没有什么关系。

小朋友顽皮的时候，或者做功课显得很愚笨的时候，我决不举起手来，在他们的身体上打一下。打了一下，那痛的感觉至多几分钟就消失了；就是打重了，使他们身体上起了红肿，隔一两天也就没有痕迹；这似乎没有多大关系。然而这一下不只是打了他们的身体，同时也打了他们的自尊心；身体上的痛或红肿，固然不久就会消失，而自尊心所受的损伤，却是永远不会磨灭的。我有什么权利损伤他们的自尊心呢？并且，当我打他们的时候，我的面目一定显得很难看，我的举动一定显得很粗暴，如果有一面镜子在前面，也许自己看了也会嫌得可厌。我是一个好好的人，又怎么能对着他们有这种可厌的表现呢？一有这种可厌的表现，以前的努力不是根本白费了吗？以后的努力不将不产生效果吗？这样想的时候，我的手再也举不起来了。他们的顽皮和愚笨，总有一个或多个的原由；我根据我的经验，从观察和剖析找出原由，加以对症的治疗，哪还会有一个顽皮的愚笨的小朋友在我周围吗？这样想的时候，我即使感情冲动到怒不可遏的程度，也就立刻转到心平气和，再不想用打一下的手段来出气了。

我还要作小朋友家属的朋友，对他们的亲切和忠诚和对小朋友一般无二。小朋友在家庭里的时间，比在学校里来得多；我要养成他们的好习惯，必须与他们的家属取得一致才行。我要他们往东，家属却要他们往西，我教他们这样，家属却教他们不要这样，他们便将徘徊歧途，而我的心力也就白费。做家属的亲切忠诚的朋友，我想并不难；拿出真心来，从行为、语言、态度上表现我要小朋友好，也就是要他们的子女弟妹好。谁不爱自己的子女弟妹？还肯故意与我不一致。

我如果当中学教师，决不将我的行业叫作“教书”，犹如我决不将学生入学校的事情叫作“读书”一个样。书中积蓄着古人和今人的经验，固然是学生所需要的；但是就学生方面说，重要的在于消化那些经验成为自身的经验，说成“读书”，便把这个意思抹杀了，好像入学校只须做一些书本上的功夫。因此，说成“教书”，也便把我当教师的意义抹杀了，好像我与从前书房里的老先生并没有什么分别。我与从前书房里的老先生其实是大有分别的：他们只须教学生把书读通，能够去应考试，取功名，此外没有他们的事儿；而我呢，却要使学生能做人，能做事，成为健全的公民。这里我不敢用一个“教”字。因为用了“教”字，便表示我有这么一套本领，双手授予学生的意思；而我的做人做事的本领，能够说已经完整无缺了吗？我能够肯定地说我就是一个标准的健全的公民吗？我比学生，不过年纪长一点儿，经验多一点儿罢了。他们要得到他们所需要的经验，我就凭年纪长一点儿、经验多一点儿的份儿，指示给他们一些方法，提供给他们一些实例，以免他们在迷茫之中摸索，或是走了许多冤枉道路才达到目的——不过如此而已。所以，若有人问我干什么，我的回答将是“帮助学生得到做人做事的经验”；我决不说“教书”。

我不想把“忠”“孝”“仁”“爱”等等抽象德目向学生的头脑里死灌。我认为这种办法毫无用处，与教授“蛋白质”“脂肪”等名词不会使身体得到营养一个样。忠于国家忠于朋友忠于自己的人，他只是顺着习惯之自然，存于内心，发于外面，无不恰如分寸；他决不想到德目中有个“忠”字，才这样存心，这样表现。进一步说，想到了“忠”字而行“忠”，那不一定是“至忠”；因为那是“有所为”，并不是听从良心的第一个命令。为了使学生存心和表现切合着某种德目，而且切合得纯任自然，毫不勉强，我的办法是在一件一件事情上，使学生养成好习惯。譬如举行扫除或筹备什么会之类，我自己奋力参加，同时使学生也要奋力参加；当社会上发生了什么问题的时候，我自己看作切身的事，竭知尽力地图谋最好的解决，同时使学生也要看作切身的事，竭知尽力地图谋最好的解决：在诸如此类的事情上，养成学生的好习惯，综合起来，他们便实做了“忠”字。为什么我要和他们一样地做呢？第一，我听从良心的第一个命令，本应当“忠”；第二，这样做才算是指示方法，提供实例，对于学生尽了帮助他们的责任。

我认为自己是与学生同样的人，我所过的是与学生同样的生活；凡希望学生去实践的，我自己一定实践；凡劝戒学生不要做的，我自己一定不做。譬如，我希望学生整洁，勤快，我一定把自己的仪容、服装、办事室、寝室弄得十分整洁，我处理各种公事私事一定做得十分勤快；我希望学生出言必信，待人以诚，我每说一句话一定算一句话，我对学生和同事一定掬诚相示，毫不掩饰；我劝戒学生不要抽烟卷，我一定不抽烟卷，决不说“你们抽不得，到了我们的年纪才不妨抽”的话；我劝戒学生不要破坏秩序，我一定不破坏秩序，决不做那营私结派磨擦倾轧的勾当。为什么要如此？无非实做两句老话，叫做“有诸己而后求诸人，无诸己而后非诸人”。必须“有诸己”“无诸己”，表示出愿望来，吐露出话语来，才有真气，才有力量；人家也易于受感动。如果不能“有诸己”“无诸己”，表示和吐露的时候，自己先就赧赧然了，哪里有什么真气？哪里还有力量？人家看穿了你的矛盾，至多报答你一个会心的微笑罢了，哪里会受你的感动？无论学校里行不行导师制，无论我当不当导师，我都准备如此，因为我的名义是教师，凡负教师的名义的人，谁都有帮助学生的责任。

我不想教学生做有名无实的事情。设立学生自治会了，组织学艺研究社了，通过了章程，推举了职员，以后就别无下文，与没有那些会和社的时候一个样：这便是有名无实。创办图书馆了，经营种植园了，一阵高兴之后，图书馆里只有七零八落的几本书，一天工夫没有一两个读者，种植园里蔓草丛生，蛛网处处，找不到一棵像样的蔬菜，看不见一朵有劲的花朵：这便是有名无实。做这种有名无实的事比不做还要糟糕；如果学生习惯了，终其一生，无论做什么事总是这样有名无实，种种实际事务还有逐渐推进和圆满成功的希望吗？我说比不做还要糟糕，并不是抱着多一事不如少一事的心思，主张不要成立那些会和社，不要有图书馆种植园之类的设备。我只是说干那些事都必须认真去干，必须名副其实。自治会硬是要“自治”，研究社硬是要“研究”，项目不妨简单，作业不妨浅易，但凡是提了出来的，必须样样实做，一毫也不放松；有了图书馆硬是要去阅读和参考，有了种植园硬是要去管理和灌溉，规模不妨狭小，门类不妨稀少，但是既然有了这种设备，必须切实利用，每一个机会都不放过。而且，那决不是一时乘兴的事，既然已经干了起来，便须一直干下去，与学校同其寿命。如果这学期干得起劲，下学期却烟消云散了，今年名副其实，明年却徒有其名了，这从整段的过程说起来，还是个有名无实，还是不足以养成学生的好习惯。

我无论担任哪一门功课，自然要认清那门功课的目标，如国文科在训练思维，养成语言文字的好习惯，理化科在懂得自然，进而操纵自然之类；同时我不忘记各种功课有个总目标，那就是“教育”——造成健全的公民。每一种功课犹如车轮上的一根“辐”，许多的辐必须集中在“教育”的“轴”上，才能成为把国家民族推向前进的整个“轮子”。这个观念虽然近乎抽象，可是很关重要。有了这个观念，我才不会贪图省事，把功课教得太松太浅，或者过分要好，把功课教得太紧太深。做人做事原是不分科目的；譬如，一个学生是世代做庄稼的，他帮同父兄做庄稼，你说该属于公民科，生物科，还是数学科？又如，一个学生出外旅行，他接触了许多的人，访问了许多的古迹，游历了许多的山川城镇，你说该属于史地科，体育科，还是艺术科？学校里分科是由于不得已；要会开方小数，不能不懂得加减乘除；知道了唐朝，不能不知道唐朝的前后是什么朝代；由于这种不得已，才有分科教学的办法。可是，学生现在和将来做人做事，还是与前面所举的帮做庄稼和出外旅行一个样，是综合而不可分的；那末，我能只顾分科而不顾综合，只认清自己那门功课的目标而忘记了造成健全的公民这个总的目标吗？

我无论担任哪一门功课，决不专作讲解工作，从跑进教室始，直到下课铃响，只是念一句讲一句。我想，就是国文课，也得让学生自己试读试讲，求知文章的意义，揣摩文章的法则；因为他们一辈子要读书看报，必须单枪匹马，无所依傍才行，国文教师决不能一辈子伴着他们，给他们讲解书报。国文教师的工作只是待他们自己尝试之后，领导他们共同讨论：他们如有错误，给他们纠正；他们如有遗漏，给他们补充；他们不能分析或综合，替他们分析或综合。这样，他们才像学步的幼孩一样，渐渐地能够自己走路，不需要人搀扶；国文课尚且如此，其他功课可想而知。教师捧着理化课本或史地课本，学生对着理化课本或史地课本，一边是念一句讲一句，一边是看一句听一句；这种情景，如果仔细想一想的话，多么滑稽又多么残酷啊！

怎么说滑稽？因为这样之后，任何功课都变为国文课了，而且是教学不得其法的国文课。怎么说残酷？因为学生除了听讲以外再没有别的工作，这样听讲要连续到四五个钟头，实在是一种难受的刑罚，我说刑罚决非夸张，试想我们在什么会场里听人演讲，演讲者的话如果无多意义，很少趣味，如果延长到两三个钟头，我们也要移动椅子，拖擦鞋底，作希望离座的表示；这由于听讲到底是被动的事情，被动的事情做得太久了，便不免有受刑罚似的感觉。在听得厌倦了而还是不能不听的时候，最自然的倾向是外貌表示在那里听，而心思并不在听；这当儿也许游心外骛，一心以为有鸿鹄将至，也许什么都不想，像老僧入了禅定。叫学生一味听讲，实际上无异于要他们游心外骛或者什么都不想，无异于摧残他们的心思活动的机能，岂不是残酷？

我不怕多费学生的心力，我要他们试读，试讲，试作探讨，试作实习，做许多的工作，比仅仅听讲多得多，我要叫他们处于主动的地位。他们没有尝试过的事物，我决不滔滔汩汩地一口气讲给他们听，他们尝试过了，我才讲，可是我并不逐句逐句的讲书，我只给他们纠正，给他们补充，替他们分析和综合。

我如果当大学教师，还是不将我的行业叫作“教书”。依理说，大学生该比中学生更能够自己看书了；我或者自己编了讲义发给他们，或者采用商务印书馆的《大学丛书》或别的书给他们作课本，他们都可以逐章逐节地看下去，不待我教。如果我跑进教室去，按照讲义上课本上所说的复述一遍，直到下课铃响又跑出来，那在我是徒费口舌，在他们是徒费时间，太无聊了；我不想干那样无聊的勾当。我开一门课程，对于那门课程的整个系统或研究方法，至少要有一点儿是我自己的东西，依通常的说法就是所谓“心得”，我才敢于跑进教室去，向学生口讲手画，我不但把我的一点儿给与他们，还要诱导他们帮助他们各自得到他们的一点儿；唯有如此，文化的总和才会越积越多，文化的质地才会今胜于古，明日超过今日。这就不是“教书”了。若有人问这叫什么，我的回答将是：“帮助学生为学。”

据说以前的拳教师教授徒弟，往往藏过一手，不肯尽其所有地拿出来；其意在保持自己的优势，徒弟无论如何高明，总之比我少一手。我不想效学那种拳教师，决不藏过我的一手。我的探讨走的什么途径，我的研究用的什么方法，我将把途径和方法在学生面前尽量公开。那途径即使是我自己开辟的，那方法即使是我独自发见的，我所以能够开辟和发见，也由于种种的“势”，因缘凑合，刚刚给我捉住了：我又有什么可以矜夸的？我又怎么能自以为独得之秘？我如果看见了冷僻的书或是收集了难得的材料，我决不讳莫如深，绝不提起，只是偷偷地写我的学术论文。别的人，包括学生在内，倘若得到了那些书或材料，写出学术论文来，不将和我一样地好，或许比我的更好吗？将书或材料认为私有的东西，侥幸于自己的“有”，欣幸于别人的“没有”，这实在是一种卑劣心理，我的心理，自问还不至这么卑劣。

我不想用禁遏的办法，板起脸来对学生说，什么思想不许接触，什么书籍不许阅读。不许接触，偏要接触，不许阅读，偏要阅读，这是人之常情，尤其在青年。禁遏终于不能禁遏，何必多此一举？并且，大学里的功夫既是“为学”，既是“研究”，作为研究对象的材料是越多越好；如果排斥其中的一部分，岂不是舍广博而趋狭小？在化学实验室里，不排斥含有毒性的元素；明知它含有毒性，一样的要教学生加以分析，得到真切的认识。什么思想什么书籍如果认为要不得的话，岂不也可以与含有毒性的元素一样看待，还是要加以研究？学生在研究之中锻炼他们的辨别力和判断力，从而得到结论，凡真是要不得的，他们必将会直指为要不得。这就不禁遏而自禁遏了；其效果比一味禁遏来得切实。

我要作学生的朋友，我要学生作我的朋友。凡是在我班上的学生，我至少要知道他们的性情和习惯，同时也要使他们知道我的性情和习惯。这与我的课程，假如是宋词研究或工程设计，似乎没有关系，可是谁能断言确实没有关系？我不仅在教室内与学生见面，当休闲的时候也要与他们接触，称心而谈，绝无矜饰，像会见一位知心的老朋友一个样。他们如果到我家里来，我决不冷然地问："你们来作什么？"他们如果有什么疑问，问得深一点儿的时候，我决不摇头说："你们要懂得这个还早呢！"问得浅一点儿的时候，我决不带笑说："这还要问吗？我正要考你们呢！"他们听了"你们来作什么"的问话，自己想想说不出来作什么，以后就再也不来了。他们见到问得深也不好，问得浅也不好，不知道怎样问才不深不浅，刚刚合适，以后就再也不问了。这种拒人千里的语言态度，对于不相识的人也不应该有，何况对于最相亲的朋友？

我还是不忘记“教育”那个总目标；无论我教什么课程，如宋词研究或工程设计，决不说除此之外再没有我的事儿了，我不妨纵情任意，或去嫖妓，或去赌博，或做其他不正当的事。我要勉为健全的公民，本来不该做这些事；我要勉为合格的大学教授，尤其不该做这些事。一个教宋词研究或工程设计的教师，他的行为如果不正当的话，其给与学生的影响虽是无形的，却是深刻的；我不能不估计它的深刻程度。我无法教学生一定要敬重我，因为敬重不敬重在学生方面而不在我的方面；可是我总得在课程方面同时在行为方面，尽力取得他们的敬重，因为我是他们的教师。取得他们的敬重，并不为满足我的虚荣心，只因为如此才证明我对课程同时对那个总的目标负了责。

无论当小学、中学或大学的教师，我要时时记着，在我面前的学生都是准备参加建国事业的人。建国事业有大有小，但是样样都是必需的；在必需这个条件上，大事业小事业彼此平等。而要建国成功，必须参加各种事业的人个个够格，真个能够干他的事业。因此，当一班学生毕业的时候，我要逐个逐个地审量一下：甲够格吗？乙够格吗？丙够格吗？……如果答案全是肯定的，我才对自己感到满意：因为我帮助学生总算没有错儿，我对于建国事业也贡献了我的心力。

我决不“外慕徙业”，可是我也希望精神和物质的环境能使我安于其业。安排这样的环境，虽不能说全不是我所能为力，但大部分属于社会国家方面；因此我就不说了。

1941年8月3日作，刊《教育通讯》4卷32、33期，署名叶圣陶。

讲和教

关于课堂里教师的讲，经常听见的有两个说法，一个是“讲深讲透”，再一个是“精讲多练”。“讲深讲透”专就教师方面说。“精讲多练”说到两方面，教师自己要“精讲”，同时要让学生“多练”。

我想，“讲深讲透”虽然专就教师方面说，但是教师胸中总得有学生，因为学生是教师的服务对象。所谓“深”和“透”都是漫无边际的，胸中有学生，就该立个标准，或者定个范围。譬如说，通过教师的讲，凡是学生应该理解的东西，学生真正理解了，这就是“讲深讲透”了。这样限定一下好不好？限定一下很有必要，一可以避免过于求深，不切实际；二可以避免多所讲说，流于烦琐。

再就“精讲多练”想，我以为这个“精”字也漫无边际，似乎可以照前边说的，作同样的限定。至于“多练”，确乎极重要，不经过多练，理解的东西不容易化为熟练的知能和终身的习惯。要学生多练，又要不增加学生额外的负担，似乎不太容易。关键在教师怎样指导学生练习。如果真能做到循序渐进，引导学生脚踏实地一步一步走；练习的方式又多种多样，提个恰当的问，促使学生在关键要点上想一想，也都是练习，不限于写在作业本本上，那就不至于增加学生额外的负担了。

我又想，假如“深”“透”“精”都以使学生真正理解应该理解的东西为限，还有个方法上的问题。开门见山就讲是一种方法；让学生先来思考一番，像旧时教授法所谓“引起动机”那样，然后给他们讲，又是一种方法。如果设计得好，引起动机真正切合学生求知的欲望，那么这种方法比较好。为什么？因为学生先经过思考一番然后听教师的讲，必然专心致志，印入就比较深，言者谆谆，听者藐藐的情形，当然决不会有了。

孔子的想法更进一层，他不仅主张让学生先思考一番，而且要在学生思考而碰壁的时候老师才给教。他说：“不愤不启，不悱不发。举一隅，不以三隅反，则不复也。”一般的解释，“愤”在这儿是想不通的意思，“悱”在这儿是说不清楚的意思，“隅”是四方形的一个角，“反”

在这儿是推知的意思。把这两句话说成现代话，大致是“不到他想不通说不清楚的时候不启发他。教给了他一个角，他却不能由此推知其他三个角，就不再教他了”。

从这两句话看，可见孔子极重视学生的主观能动性。学生自己想得通的，说得清楚的，自然不必教。想不通了，说不清楚，这就是碰了壁了，其时学生心头的苦闷多么厉害，要求解决的欲望多么迫切，可想而知。在这种情况下受老师的教，真好比久旱逢甘雨，庄稼就会蓬蓬勃勃地滋长。孔子又强调学生能“以三隅反”，甚至说“不以三隅反”就不再教他了，似乎有点儿过火。我想孔子这第二句话可能是正话反说，意思是在学生碰了壁的时候才给教，学生不仅容易豁然贯通，同时也加强了主观能动性，因而一定能“以三隅反”了。

学生的主观能动性不断发展，将会达到这样一个境界：在事事物物中，随时随地能够发现问题并且解决问题。这样的人才是任何工作任何行业最为需要的，我恳切期望老师们向这方面着力。

1980年1月7日作，1980年1月起，连载于《文汇报》《教育园地》栏目的《晴窗随笔》中的一篇。

教师问题

要一个政府的政治修明，似乎算不得很难的事，凡是当政的人都请优秀的人充任，便能达到这个目的。要一条街上的各个人见解明白一点，知能提高一点，至少升到跟水平线相齐，那就非常困难了。因为人的数量这么多，种种关系这么复杂，像一团乱丝，岂是随便就能理清楚的？要达到这个目的，大家知道而且惯说的，只有依靠教育，依靠普及教育。这是谁也不能否认的，我当然十分信服。

普及教育的办法有多端，我想，我现在要说的教师问题应该是其中的重要一项。没有教师，教育无从实施；没有教师，受教育者无从向人去受教育。人们说："这是谁都知道的。而且现在的小学校里，哪一个学校缺少了教师？何必再要你说！"我以为不应该这么说。教师问题，不单讲有没有，还该讲好不好，能不能胜任。教师是好的、胜任的，我们才可以说有了教师。否则，即每城每乡每村都有学校，学校里都不缺少教师，我们只能说没有教师，普及教育的目的仍然很渺茫。

我看见美国门罗先生调查中国教育状况后谈话的记录，他说：中国的小学教育很不坏，最不行的是中等教育。但是根据我亲自的见闻，我不很相信他的谈话。他所到的只是几处都市；在这几处都市里，他所到的又只是几个有声誉的学校。就在同一的都市里，他不曾到的学校有多少？这几处都市之外，他不曾到的地方又有多少？这样想来，可以知道我们决不能因为他这一句话，而欣幸小学教育有了什么成绩。至于我的亲自的见闻是什么？就是小学教师的不好和不能胜任。

除了相信教育，以教育为一种趣味的少数教师以外，一般教师的情形是怎样？我不必特地描摹，请有心人自己去找几个小学教师，或是亲戚，或是朋友，看看他们的思想行为和他们对于职务的观念。如其没有相识的，在茶馆里、酒肆里、公园里、赌场里、彩票店里，你可以遇见他们，也可以满足你考察的愿望。若在乡村间，研究三元地理的先生改充教师了，富翁的儿子因避免游荡之名而任教师了，鼓吹的乐工因识几个字而兼任教师了。我永远不肯相信，教师的职务只在教几个一点一画的字；我更不肯相信，思想行为和职务观念对于任教师这件事是没有关系的。而现实的情形，偏是我所不肯相信的！

不顾实情，闭着眼睛处理，这也是极容易解决的事。教师不好，不能胜任，换掉就是了。但是谁去接替？这个问题又是不必想就可以回答的，有师范生在那里。固然，现在的教师之中也有一部分是师范生。但是试问现在的师范学校是什么情形？它和普通的中学校有精神上的区别么？它曾经留意过特地造就良好的小学教师么？如其不能回答一个“有”字和一个“曾经”，那末它的成绩就很难说了，即使学生的成绩并不很坏。又试问没有出校的师范生是什么情形？他们虽然在师范学校里，却很鄙夷小学教师这桩事业；越是优秀的，鄙夷的强度也越利害，若不是真个无路可走，毕业后决不肯自愿投入小学教师的网里。所以时间一年年过去，师范生一班班毕业，小学教师中却仍旧有三元地理先生等等。

这也不能怪三元地理先生等等，好的教师譬如是太阳，他们就仿佛爝火。在太阳不曾出来以前，爝火虽微，总有一点用处。三元地理先生等等不是确曾教孩子们识了几个一点一画的字么？倘若不是他们支撑场面，孩子们要识字也没有机会了。至于他们所以居之不疑，我想有两种原由：一、这究竟是一个饭碗，虽不丰满，却是比较高雅而写意的饭碗；二、明知自己是爝火，待太阳出来也情愿交卸，但是太阳总不出来。就是我，虽然任了多年小学教师，始终自知是一点爝火，同三元地理先生等等一样。等待了好久，只不见太阳出来，而自己的不胜任为教师却越来越明白，终于不敢当教师了。到了最近，更发见不胜任教育自己的孩子，对于一个五岁的孩子时时发愁。若是什么地方有太阳，我愿意将他送给那太阳。但是，太阳在哪里呢！

我写这篇文字，意思在希望小学校里出现太阳。所以我不再写丧气的话，而想对于师范学校贡献一点愚见。第一，我希望师范学校的章程中多加一条，说明凡来入学的，毕业后必须当小学教师。有了这一条，视师范为普通中学的学生就不会来了，章程中的半途退学罚费的规定就有用了，知照县官任用师范毕业生的办法也有效了。否则，一个毕业生可以不当教师，就可能全班大家都不愿当教师。

果真如此，师范学校有什么用处？第二，我希望师范学校要认清楚它是师范学校，它的任务在造就良好的小学教师。具体的办法，恕我说不出，但是我知道一定与普通中学不同。这两层做到之后，在学者因趋向已定，事业已决，得以安心学习；施教者因标的既具，成绩立见，得以尽力设施。结果一定能使现在的小学教育真个改变一些面目。

师范生不愿任教师的原因当然有许多。我想物质的原因或者是重要的一项。我不信一辈人唱的高调，以为教育是神圣的事业，不是为糊口计的。事业尽管神圣，只要我们能尽职，正不妨借此糊口，而且唯有这样的糊口才是正当。所以看教师事业为一个饭碗，若不加上消极的意思，决不能算是卑鄙可耻。现在这个饭碗却难说了，除开城市，单说大多数乡村，教师月薪在十元以下六元以上的已算优越。这就只能由三元地理先生等等去兼任了。更有所谓学务委员，对于教师们有非常的权力，对于金钱有特异的爱好。他们要从中侵蚀，他们要保持权力，亦唯有录用三元地理先生等等，而优秀的师范生决不愿意受这等苛刻的待遇。

我们不自认为弱者，谁愿意受人家的苛刻待遇？但是因为不愿受而退却不前，仍旧落于弱者一面。既为师范生，教师就是终身的事业；前途的发展是应负的责任，障碍的破除也是应负的责任；各县财政的支配，教育经费的支配，不应为公众、为自己而过问么？若自问真能尽职，老实不客气，很可以明白地提出要求，要一个丰满的饭碗。对于监督者的溺职和舞弊，不应为公众、为自己而反抗么？唯其没有人反抗，才有人越出了范围，公然地无所顾忌地为所欲为。教师发出了反抗之声，才能够在自己的范围内做好应做的事。

我希望师范生都为教师，为学校里的太阳，代替以前昏暗不明的爝火。这使我们有一种骄傲，得以向人家说，“我们不但有教师，而且有好的胜任的教师了！”于是乎这件烦难的工作，就是要一条街上的各个人见解明白一点，知能提高一点，至少升到跟水平线相齐，就有成功的希望了。

我这一点浅薄的意思，是在对着五岁的孩子发愁时想起的。

1922 年 6 月 9 日作，原有副题《希望于师范学校和师范生》，刊《教育杂志》14 卷 7 号，署名叶圣陶。

小学教师的工作

一个青年人如果思想通达，懂得为人民服务的真意义，在被派到小学教师的岗位上去的时候，他一定欣然承诺。他知道值得干的事业有许多，一个人不能样样都干，只能干其中的一种；而当小学教师是值得干的事业之一，现在既然派到头上，这就是有了尽力效劳的方向，自然应该欣然承诺。

为什么小学教师值得干，可以说的很多，我只能简单说几句。不妨这么想，国家和人民把儿童交给小学教师教育和培养，这是多么重大的信托！儿童是最容易受影响的，小学教师要从各方面给他们好的影响，使他们往后升学或者就业都得到好处，一辈子立身处世都得到好处，这是多么重要的工作。受这么重大的信托，干这么重要的工作，只要是有志气的人，必然会从心底里透出一句肯定的话：小学教师确实值得干。

当小学教师可不容易，我在一九一二年开始当小学教师，当初以为教孩子们识字读书学算术，没有什么难。谁知道教了几天就觉得难。要他们真正领会我的讲解，难。要他们鼓起热情来答问题，做练习，难。还有揣摩他们的心理，捉摸各人的脾气，无一不难。那时候并没有人给我提示说“切莫在困难面前低头”，可是我总算不曾知难而退。随后我渐渐感到干这事业有些乐趣。全班孩子聚精会神地学功课，差不多连自身都忘了的时候，我乐。某几个孩子毫无拘束，跟我说些家里的情形或是所见所闻所想的时候，我乐。某个孩子回答问题，说得明白透彻，某个孩子练习演讲，讲得有条有理，某个孩子犯了过失，经我劝说，掉下了悔悟的眼泪，这些时候我都乐。我并不是说那时候我已经懂得孩子。老实说，懂得孩子是一门大学问，我至今还没有参透这门大学问，可是我确实不曾把小学教师这个岗位看作“鸡肋”。现在想来，大概就在其中有乐趣。

我拿这一点儿经验，告诉准备走上小学教师岗位的青年人，希望他们不要以为这事儿很容易。虽然不容易，只要随时留心随时想，在工作中历练，这事儿也就不太难。而越来越多的乐趣，全是工作有进步的标志。这些乐趣，这些进步，会巩固他们的事业心，甚至愿意当一辈子的小学教师，像苏联影片里的那个乡村女教师那样。

人们常说“教学相长”。教孩子学习各种学科，最要紧的是教师自己熟习那些学科。所谓熟习，意思是不仅记住那些学科的内容，而要把那些内容消化了，随时随处都能拿出来运用。熟习是没有止境的，在教中可以学，向年长于我的同事学，向我所教的一班孩子学。怎么说向我所教的一班孩子学呢？他们天天在我面前上课游戏，做种种活动，只要我能随时留心随时想，这些个全是活生生的教材，随时在那里教我怎样懂得他们，怎样教他们。

除了一边教一边想办法，还要抽时间进修。有些教师不这么做，以为凭现有的一些知识和能力尽够对付了，以为当了教师，就可以只管“付出”，不必讲求“收入”了；结果往往会感到拮据，能“付出”的不够充裕，工作做不好，事业心也不免因而动摇。所以我要告诉准备走上小学教师岗位的青年人，在不断“付出”的岁月里，同时要源源不断地谋求“收入”——就是说要努力进修。“收入”

越丰富，工作越能左右逢源。

教学方法也很重要。熟习某一学科，可是不擅长教学方法，未必能教好某一学科。不过要认清主次，一定要熟习了，才说得上教学方法；熟习还没做到，空谈教学方法有什么用？再说，在边教边学和不断进修之中，自然会获得切合实际的方法，比较从书上看来的，从别人那里听来的，行之更为有效。要掌握教学方法，逐步改进教学方法，根本办法还在于自己不断进修，一边教一边自己动脑筋。

当教师除了教学而外，还负有教育的任务。教育是怎么一回事，专家学者可以写成很厚的书，我只能说最浅近的。我想，所谓教育，无非是从各方各面给学生好的影响，使学生在修养品德，锻炼思想，充实知识，提高能力，加强健康各方各面养成好的习惯。假如我的想法不错，那么小学教师就得在给与学生影响和养成学生习惯这两点上，特别下功夫。

刚才我说过，儿童是最容易受影响的，要使他们受到的影响全是好的，最有效的办法是教师以身作则，一言一动，全是好的。举个浅显的例子来说，要求孩子们想心思说话都有条有理，唯有教师自己想心思说话都有条有理，才能逐渐影响孩子们，使他们做到无论何时何地，想心思说话都不至于杂乱无章。如果教师不示范，只是杂七杂八三番五次地向孩子们说些必须有条有理的道理，那不是缘木求鱼吗？以身作则，这四个字可以说是教师终身的座右铭，要做到家并不容易；可是有志的教师总希望能做到家，而且做到几分，必然有几分明显的成效。

再说习惯。养成习惯不容易，习惯养成了要更改尤其难，所以在最初必须注意，要使孩子们养成好习惯。也举个浅显的例子来说，在孩子们识字之初，就注意养成他们辨认笔画和咀嚼字义的习惯，他们笔下就不会有很多错别字。现在大家看到学生笔下错别字很多，感到头痛，想方设法消灭错别字，老是消灭不了。原因何在呢？我说，原因就在于开始不曾注意使他们养成辨认笔画和咀嚼字义的好的习惯，他们就自然而然养成了忽略笔画和字义的不好的习惯。不好的习惯也是习惯，既已养成，要更改就不容易了。跟其他习惯比较起来，字写得错不错不算太重要，譬如待人接物，就比较重要。务必使孩子们养成好的习惯，而且要一开始就注意，我看也是教师终身的座右铭。

1962年7月21日作，刊8月10日《北京日报》，署名叶圣陶。

关于师范教育

现在大家逐渐重视师范教育了，认为师范教育是推进和革新教育事业的根本。这是极可欣喜的事。

重视师范教育，期望在不远的将来，绝大部分中学、小学、幼儿园的教师都是师范出身；所教学校的级别与所受师范教育的级别相当，如师大、师院出身的教高中，幼师出身的教幼儿园。

学得高深些的师范毕业生教较高级的学校，学得浅近些的师范毕业生教低级的学校，似乎是顺理成章的事。据说别国大都如此；又听说某些国家的小学教师必得是大学毕业生，毕业之后还得受教育方面的专业训练，合格的才可以当小学教师。

我想，较高级的师范毕业生教较高级的学校，较低级的师范毕业生教较低级的学校，这个办法所以被认为顺理成章，只是从某些学科的教学情况得来的。例如教数学，如果你教的是小学，只要对算术通透熟练，又善于引导小学生认真学习，就可以胜任愉快了。又如教小学的唱歌和图画，只要能教学生唱得不离谱，又能唱出歌词的感情来，能教学生对准物象描绘，又能取其要舍其不必要，那就是挺不错的唱歌老师、图画老师了。从上举例子看，似乎可以证明学得浅近些就足以当小学老师了。

仔细想想可不尽然。且不说前面所举的教算术、教唱歌、教图画的实践情况，在仅仅浅近地学过数学、唱歌、图画的人未必都能做到。不妨另外再举些例子，比如教小学的动植物和历史的功课。小学生对这些方面并无知识，动植物还见过若干种，切实的知识当然谈不上，历史则全无所知。要使小学生从这些功课真正受益，首先在于把课本编好。课本能够编得简而要，浅显而正确，刚好给学生将来进一步学习引路，那就可以说相当好了。其次在于教师依据课本把功课教好。教功课绝对不是讲课本，使学生把课本上的语句记住，能一字不错地背诵出来。教功课的首要任务在于深切体会编得相当好的课本的内容，引导并且帮助学生去观察，去实验，去思索，为学生将来进一步学习动植物和历史打下结实的基础。如果是仅仅浅近地学过动植物和历史的人，要他完成这样的首要任务恐怕并不容易。

再就另外方面来考虑。凡是当教师，教育学总是必须学的。且不说目前我国有多少种教育学的教本，孰好孰差；总之，各级师范生都必须研究教育学，担任各级各科的教师都必须实践教育学的要旨（这当然是就原则而言）。教育学的要旨，扼要地说，无非阐明国家为什么办教育，该怎样办教育，各级学校该教哪些功课，各种功课该怎样按其性质用不同的方式方法来教，功课以外该怎样训练学生，陶冶学生，使他们德智体全面发展，成为社会的合格成员，国家的合格公民。学校的级别有不同，学生的程度有不同，教师关于教育学的领会却没有什么不同，而且必须相同，因为现在的幼儿就是将来的少年和青年，各级的教师认识一致，实践一致，才真能收到教育的最好效果（校外的人能与教育工作者一致当然更好，尤其是学生家庭里的成员）。教育学之外还有心理学和生理学，也是教育工作者非学好不可的。普通心理学、普通生理学之外，还得各就所教的对象分别学好儿童心理学、儿童生理学或青年心理学、青年生理学。前者并不低于后者，后者并不高于前者，这是谁也不会否认的。

还有一门学科是所有教育工作者必须学好的，就是语言学——切合实用的语言学。语言是人与人交际的最主要的工具，这是一层。教师教学生，除开“身教”就是“言教”，言教必得凭正确的语言，这又是一层。学生一定要学好语言，语言学得不好，对于生活方面和工作方面都极为不利，这是第三层。从以上说的三层着想，凡是当教师的人绝无例外地要学好语言，才能做好教育工作和教学工作。语言与思维密切相关，语言说得好在乎思维的正确。因此，锻炼思维极关重要。思维要锻炼得经常有条有理，一步一步地想丝毫不乱，而且没有不相干的东西搀杂在里边，说出来的语言才是正确的有效的语言。试想想，如果无论什么级别、类别的学校里的教师全都经过锻炼，随时随地说的语言总是正确的有效的，学生受到的感染将有多么深，受到的实益将有多么大。

所有教师实际上都负担语言教育的责任，语文教师则负担语言教学的专责。现在一部分语文教师认为语文课光管给学生讲语文课本，光管教学生作文，作了文给他们批改。这是错误的认识，必须赶快改变。必须认识到看书读书其实就是听他人的话——用眼睛从书面上听他人的话，作文其实就是说自己的话——用笔在纸上说自己的话；读和听是同一回事，写和说是同一回事，不能丢开听和说不顾，光管读和写。认清了这一层，语文教学才能切合实际，对学生真有益处。学习语文课本就是听他人说各色各样的话，一定要使学生能够抓住课文的要点，辨明好处在哪里，如有不足之处又在哪里，由此练成听他人的谈话、报告以及阅读各种书刊的扎实能力。学习作文就是说出自己的话，一定要使学生把意思想清楚了，把次序安排好了，然后像平时说话一样顺顺当当地写出来。作文决不是说一番空话、假话、套话、连自己也莫名其妙的话。所以教师一定要预料学生有什么能够说的材料，或是想得清的，或是经历过的，在此范围内出个题目让他们写。要不然，就是引导学生乱说一阵，结果是养成学生的语言的不良习惯——也就是思维的不良习惯。这是绝对对不起学生的。

若就“听说读写”四项的发展先后来想，当然是听说在先，读写在后。小孩在一岁半到两岁的时候就注意听大人的话了（我以前对儿辈、孙辈、重孙辈都不曾注意，近年来才注意一个最小的重孙女，可是说不上精细）。大概是逐渐从不注意听到注意听，逐渐从听不懂到听得懂，逐渐从听错而自己纠正，达到不听错。一边听，一边学着说。发音发得能使他人听得清是艰苦的历程。说简单的话，往往是说错了自己纠正，终于达到不错；她所以知道错不错似乎看所说的话是否达到她的目的。大约学说了三四个月，她的简单的话按语法说是合式的了，而且有些妙句了。举两个例子。她见下雹子，说“掉豆豆了”。她往北海公园看见荷花，说“花儿掉水里了”。这两句话合乎语法，又是最简单的形象思维。我并不想夸说重孙女，我举她为例，是想说小孩学习语言，大概是不断地从实践中发觉错误纠正错误的过程。学校教育系统中的语言教育开始于幼儿园，幼儿园训练的是听和说，这是基本。儿童进了小学才开始识字，开始读课本，这才遇到读和写的事。读和写是听和说的发展，绝不是两码事，凡是语文教师，对这一点必须确信不疑，始终贯彻在教学工作之中。

对于语法、修辞和逻辑，教师必须在语言实践（就是听、说、读、写）中知其然并且知其所以然。举些例子。听一句话或是说一句话，要能把这句话切开来，说得出这部分与那部分什么关系，哪几个词是主要的，哪几个词是次要的却又是必不可少的。这就是语法、修辞方面的“知其所以然”。听一段话或是说一段话，要交代得出这一句为什么在前，那一句为什么在后，为什么颠倒过来就不成，缺少了这一句或那一句也不成。这就是逻辑方面的“知其所以然”。教师有了这样的素养，就不至于漫无凭证地说这句对那句不对，这段完整那段有欠缺了。对于学生，可不必同样要求。语法、修辞教得详细甚至于烦琐，徒然使学生厌倦，还是简要地教一些，而在他们听说读写的实践中随时给他们指点启发的好。假如各级学校精神一贯，学生所受的语言教育就足够了，可以适应生活和工作的需要了。追究到根源，却在于幼儿园训练孩子听和说，基础打得好。从幼儿园的孩子到高中生，各项程度显然有高低之分。但是幼儿园的教师与高中语文教师共同站在语言教育的阵线上，并且做的是打基础的工作，竟可以说责任更为重大，功能更为重要。只要平心静气想想，这样看法该是谁都同意的。

说到这里，我还想插说一点意见。现在大学和师院都有“写作”课，先是中文系有，后来逐渐推广到其他科系，详细情形我不知道，只知道趋势还在推广中。为什么大学要设写作课？回答是大学生笔下的功夫差，写出来的东西不能或者不够应用，所以要设写作课。从这样的回答可以知道，写作课原来是补课的性质。学生在中学里没把语文课学好，所以进了大学还要补。写作课怎么个情形呢？我大略知道，还是与中学相仿，也是选几篇范文来讲讲，出几个题目叫学生作作。写作课的效果如何，据说还没作调查研究，难以确说。不过据我的浅见，语言教育总该在普通教育阶段完成，这就是说一般的听说读写能力应当达到充分应用的程度了；大学里的写作课如今虽然还处于增长的趋势中，将来总得取消。按理说，大学不应该以宝贵的学习时间使学生补习中学的功课。

插话说罢，现在可以回到本篇开头的地方去了。一般认为所受师范教育的高低与所教学校的级别相适应，级别低的学校，级别低的师范毕业生就可以对付；其实呢，就若干功课来看就不然，级别低的学校的很多功课也要水平高的教师才教得好；何况教育工作不限于课堂教学，课堂教学之外还有很多重要的事要做。说到这儿，我非常向往于某些国家的情况了——小学教师必得是大学毕业生，还得受教育方面的专业训练。

我所说的都属空想，现在还在准备按照宪法普及初等义务教育的时期，而初等教育的实质究竟怎样，很可能问十个人有十种回答。总之，决不会定出这样一条来，说小学教师必得由师大、师院的毕业生担任。但是，现在是一切事业要求改革，开创新局面的时期；教育事业必须改革，有心人完全一致；教育事业怎样改革，许多实行家正在作种种调查研究和实践试验。我把我的空想写出来，或许可以供诸位实行家看一看，想一想。于是我就写了这一篇。

1983 年 12 月 14 日作，刊 1984 年 2 月 18 日《中国教育报》，署名叶圣陶。

《全国特级教师经验选》序言

这本“经验选”汇集了二十三篇介绍教学经验的文章，作者都是特级教师，有中学的，有小学的，有幼儿园的。可惜我的视力极度衰退，不能全看细看，有几篇是请人念给我听的，另外几篇只看了个摘要。听过看过之后有几点粗浅的意见，就写在这儿。

请特级教师介绍教学经验，现在已经成了风气。这当然是一种很好的风气，表明提高教育和教学的质量已经受到普遍的重视；还表明大家都认识到这样一点，就是要提高教育和教学的质量，首先要提高老师的思想水平和业务能力。这两年来，特级教师个个忙得不可开交，上课时候有人来听课，下了课还得给人作讲解，逢到假期，就得应各处的邀请，去介绍先进经验，本地外地，到处奔波。现在请二十三位特级教师把他们的经验写下来，由出版社印成这本“经验选”，大家看了这本“经验选”，不就跟直接听他们教课，直接听他们讲解一样了吗？不就可以让这二十三位老师减轻一些负担，把他们的时间和精力节省下来，用到继续发展他们的先进经验上去了吗？凡是有经验的老师，据我知道，年纪大多不小了。大家既然要诚心诚意向他们学习，就该无微不至地珍惜他们的时间和精力，他们是有充分理由享受大家的爱护的。我知道这样的“经验选”往后要陆续出，这是非常好的事。更多的先进经验得以普遍传布，更多的先进老师得以减轻讲说和奔波的负担，岂不是好？

介绍各科教学经验的文章在各种报刊上刊载得相当多，大概可以分为两部分，一部分是谈原则问题的，另一部分是谈方法问题的。譬如问，各科教学采用灌输式好呢还是采用启发式好？这就是个关于原则的问题。对这个问题，回答似乎比较一致，大多数文章都说应该采用启发式。譬如问，在各科教学中应该怎样启发学生呢？这就是个关于方法的问题。在方法问题上，看法做法就各各不同。曾经看到有的文章先说启发式比灌输式好，然后举出启发的办法是经常使用连续发问的技巧，像牧人拿着长竿子赶羊群似的，务必驱使学生走上老师自己预期的路线，说出老师自己预期的答案来。这个办法好像是启发式，实际还是灌输式。文章的作者这样做，表明他还没有明白启发式为什么好，还没有明白采用启发式的根据究竟是什么。这些问题又是关于原则的问题了。因此，原则问题和方法问题实在是无法截然分开的，只是在讨论讲说的时候往往有所侧重罢了。

对于为什么要采用启发式，采用启发式的根据是什么，“经验选”中的许多文章作了很好的阐发。学生绝非一无所知一无所能的木头，不管哪种知识，必得经老师讲解才能明白，不管哪种技能，必得经老师传授才能掌握。所以善于启发的老师都把学生看成有生机的种子，本身具有萌发生长的机能，只要给以适宜的培育和护理，就能自然而然地长成佳谷、美蔬、好树、好花。何况知识和技能是教不尽的，各个学生将来各自需用哪些知识和技能也没法预料。因而善于启发的老师并不追求尽多地教授知识和技能，而注重在发展学生本身的能力，使学生能够自己解决未经老师教授的种种问题。这种能力是非常可贵的。学生决不能一辈子依靠老师，他们有了这种能力，才离得开老师，才能够独立地工作、学习和生活。通达的老师明白了这些道理，他们采用启发式一定很坚决，他们一定能自己创造出许多确有实效的办法来，把学生培育成在各个方面都超过他们的前辈的新的一代。

至于方法问题，我以为总不宜定于一（定于一相当于近年来流行的“一刀切”）。举个例子来说，如斯霞同志在她的文章中介绍她的随课文识字的经验，概括为“字不离词，词不离句，句不离文”。我认为这三个“不离”，都着眼在语言的实际使用上，并不是单纯地解决识字问题，主要的好处是使学生在整句整段中理解每一个字和词，这样的理解是活的，切合实际的，跟光让学生去思索某个字可以构成哪些词显然不一样。我很赞赏斯霞同志的经验，但是我不敢说她的经验是唯一的好经验，更不敢鼓吹大家非照她的办不可。因为研究和探索是不会有止境的，别位老师取径不同，却能取得跟斯霞同志同样好的经验，我相信一定不在少数，这是一。其二呢？无论别人的经验多么好，总该领略它的精要，结合自己的具体情况，灵活运用，要是生搬硬套，学习好经验可能得到坏结果。以上说的两点，就是我认为关于方法问题不宜“一刀切”的根据。

在这本“经验选”中，介绍先进经验的二十三位特级教师都有很长的教龄，下限是二十年，其中三位超过了五十年。张子锷同志在他的文章中说，教学方法的改进要防止两个方面：“一是认为自己的教法尽善尽美，考虑不出问题来，没有什么可改的。这就容易故步自封，不能前进了。要知道教法的改进是无止境的，是无尽无休的，一定要精益求精，不断地有所改进，有所提高。另一种是认为自己原来的教法一无可取，都失败了，完全推翻。这也妨碍前进。应该是把自己的经验整理一下，整理成两方面，好的和坏的，把坏的改好了，好的更发扬，但要防止把好的改坏了”这一段话说得很好。我相信这二十三位特级教师都是从来不自满的。几十年来，他们一直在研究试验，一直在改进教育思想和教学方法，所以他们能做出出色的成绩，总结出值得向大家介绍的先进经验。我又想，所有的教师都有改进教育和教学的责任，也都有改进教育和教学的条件，因为大家都在实践之中，唯有实践才能出真知。后来居上是完全可能的，我恳切地祝愿所有的教师共同努力。

附带说一句，就这本“经验选”看，语文和数理化的教学经验介绍几乎占了五分之四，关于政治、外语、史地、音乐、图画的却一篇也没有。这不大好，希望往后编第二集、第三集的时候注意到这一点。

1981 年 3 月 10 日作，署名叶圣陶，此书由教育部师范教育司编选，人民教育出版社印行。

小学国文教授的诸问题

谈到小学国文教授，很容易引起“没有把握”的感想。这不同算术等科，有一定的学程，有方式的传授，教了就明白，多练习了就纯熟。这向来随教师的意的；程度的浅深，教法的精粗，百问可得百答，各不相同。唯其如此，所得结果从没有定状。有些学生国文程度很好，但由于他们的天赋和努力，是偶然的，不可以律一切的，不能说就是教授的成功；即归功于教师，教师未必敢自承。有些学生国文程度太坏，这当然是教师之咎；但教者亦曾竭尽心力，以求有效，归咎非所原任；教者更可说，这一科本来是没有把握的，我即承咎，也不能承其全部。国文教授天天在全国小学校里进行，结果却止见这两种现象。别的且不说，总是正待哺育的学生们吃亏罢了。

国文教授的问题太多了。已往或现在的情状应否改革，已不成问题，因为所谓“没有把握”的办法，就有改革的必要。其外，在已往或现在的情状里，什么是病根？应从何道改革？是一个问题。教材纯用语体还是兼用文言？又从哪里去选择教材？是一个问题。教授的方法应当怎样，才能确有把握地收效果？又是一个问题。分析开来，读法、话法、书法、作法又有种种的问题。现在不为分析的说明，但就意想所及，统合地述说如下。

一、已往或现在的情状里的病根何在？

我有一点细小的经验，国文教授的开始不在学校而在家庭，不在学龄时代而在幼孩时代。一个学童的国文程度的好坏，与他的家庭、他的幼孩时代很有关系。父母本来是儿童的最初最重要又是无所不教的教师，当然也是儿童的国文教师——我愿轶出本篇范围，敬告为父母的，这是你们应当负荷的责任呀；现在有大多数人卸了肩，这是对不起他们的后继者的。我看见许多家庭里，不仅是贫苦而无暇顾及孩童的，对于孩童，不承认他的本有的地位，不了解他具有可以发展的能力；对他止有玩弄，止有责骂，而没有谈话。更有绝对不理孩童的，当给衣给食或斥责的时候，用着命令的语气吩咐，就完了。在这种家庭里的孩童，虽然同成人住在一起，差不多完全隔离。孩童所以能有种种能力，解释者说由于学习，而学习又由于需要。婴儿不会说话，因为要表出心意，随时随地学习，不到三岁，便能举习见的器物的名称，能说简短的达情意的话。这一种成绩真足以惊人，倘若每三年都有这么长足的进步，或者就是超人了。可是哪里会，他到了差足应用的时候，进步就迟缓了。在不理孩童的家庭里的孩童，便异常不幸，他只从成人那里学到些习见的器物的名称，和日常行动的不完全的表现语，此外就没有情思，没有话语，因为他没有发引情思、练习话语的机会。才入国民学校的学童，十分之七八可归入这一类。问他们一句简单的话，他们便茫然如痴，休说要他们充分地回答。他们启口说话时，大概是不明显不完全的短语。他们日后的国文程度，平均在中等以下。我所见的如此，推想国内学校或者同有这种现象。其外十之二三（此数或犹说得过多），家庭里会与他们以种种的训练，他们便能说清楚显明的话，能就所问的回答，能有丰妙的情思。调查国文成绩时，这一类常属于优良一面。由此可知，情思的训练和言语的练习与国文程度的高下有关系，家庭里设备着引起情思的境遇，常与孩童谈话，便可说是国文教授的正常的基础。反过来，置孩童于不理，不为他们植重要的基础，便阻遏了他们几分之一关于国文程度的发展力——被阻遏的当然不止此。

学童受教育的历程是不可划分的，他们是在不绝地发展的路途之中。所以教育者什么地方都要注意到“衔接”两字。可是一方面又要注意到弊病的免除，务使学童趋入正轨，不受损害。凡在正轨以内的，那末衔接着以前的状况做去。不幸一般教授国文的却衔接了不良家庭的办法！他们也是置儿童于不理，非授课时间竟判若两国，绝无笑语一堂的时机。所谓授课，便是授学童以教科书，教他们读音，识形，讲解，书写。这四事做完，便谓责任已尽；不管他是机械不机械，切实不切实。教科书里所讲的是不是学童所能讲的，爱讲的？这一层更不暇顾虑。教科书之外，不复与学童以读物。他们也要学童练习，看能否应用所学习的。可是止本自己的主观，课学童以无从设想、莫名其义的文题。学童苟本平日上课时所听闻，鹦鹉似的学语，便可得很好的奖评。倘若本童年的真心，勉强成文，那便招不通的斥责。初学年如此，高学年也如此。学童年级有递升，国文的教法无递进。很繁复的国文教授情形就是这样了。

抉出病根，可得两点，都是教师观念错误之处：（一）不会了解儿童，不以儿童本位一义为教授的出发点；（二）不明白国文教授之真作用，徒视为形式的教科。由第一种谬误观念，引起非正当的教授态度；仿佛儿童本不定需要国文，乃是成人要教他们以国文。于是选材，练习，都归成人作主，学童全居于被动地位。由第二种谬误观念，便轻视文字的内容和表出的方法；仿佛学习国文的目的，至能读、能识、能讲、能写而止。于是尽不妨以非儿童所能感受、所能了解了的内容和表出法授与儿童，止须他是一个形式。儿童既居于被动地位，所学的又不过是一个形式，即教者有特殊的方法，能够达到他的目的，终认为国文教授的失败。何况在这等状况之下，儿童对于国文科决不感有兴味，便是谬误的目的，也绝对不能达到。

二、小学国文教授应当怎样改革呢？

国文教授要有成功之望，先要教者将谬误的观念改正。

第一须认定国文是儿童所需要的学科。在家庭教育尚被视为希世奇珍的时候，儿童大半是被损害的，要待他们自然地需求，实是难遇的事。国文教授常与失败为缘，这也是多种原因之一。然而不足虑；教育所以可贵，乃在能为儿童特设境遇使他们发生需求，努力学习。所以国文教授也须为学童设备一种境遇，引起他们的需求。我常有一种空想，以为学科的分开独立，不适宜于小学教育。因为分开独立，易于忘却何所需此科；全部所习，复难得有统贯的精神；徒使学童入于偏而不全、碎屑而遗大体之途。理想的办法，最好不分学科，无所谓授课与下课的时间，唯令学童的全生活浸润在发生需求、努力学习的境遇里。这个境遇，范围自然很广，不仅为欲达某一学科的目的而设。可是分析地考查它的结果，则各科的目的无不达到。因为人才与劳力经济的关系，这种理想的办法尚不能实现于现时。不过教师应知道这是较善的一个理想，因而引起一种觉悟，就是教师当为学童设备一个普遍适应各科的境遇。国文是各科之一，教授上所需要的，正就是这种普遍适应的境遇。此说看似空泛，细思却无以易。倘若没有境遇，何需一切学科。一切学科所以有学习的必要，就因为吾人处于必要那些学科的境遇里。担任国文教授的教师呀，你们为儿童全生活着想，固当特设一种相当的境遇，即为国文教授的奏功着想，也当特设一种相当的境遇。儿童既处于特设的境遇里，一切需要，都从内心发出。教师于这个当儿，从旁导引，或竟授与。这个在儿童何等地满足，安慰，当然倾心领受，愿意学习。单言国文教授，教师决不欲勉强教学童以国文，须待他们有记录、发表、诵读、参考的需要时，然后教他们以国文。果真如此，成功的把握已有十之六七。我前文言，优良家庭的儿童，国文成绩恒属于优良一面，便足为此说之证。所谓优良家庭，便是比较完好的境遇，足以引起向上进取的需求的。

第二，须认定国文是发展儿童的心灵的学科。文字所以表声音，声音所以达情思，那是人人知道的。没有情思，就没有发出声音的必要，更何需文字？可见情思为声音的泉源，而文字为声音的符号。学童所以需要国文，和我们所以教学童以国文，一方面在磨练情思，进于丰妙；他方面又在练习表出情思的方法，不至有把捉不住之苦。这两方面，前者为泉源，为根本，所以从事开浚和栽培，最为切要。切要的一步既然做到，自然联带及于后者，才研究到种种形式的问题。倘若观念颠倒，以为一切讲习作述，就是国文教授的出发点。于是种种功夫都成空渺的劳力；在学童唯感这是并非需要的学科，即不努力亦无甚损害。到此地步，国文教授当然失败。所以欲求成功的教师，当从为儿童特设的境遇里，发展儿童的心灵，务使他们情绪丰富，思想绵密，能这么做，才是探源的办法。顺次而训练学童的语言，使其恰当所思，明显有序，最后乃着力于记录写述等形式的方法。读者不要说这是全部教育的事，我所负的是国文教授，是一部分的责任。也不要说这话太虚空，我所需的是明确可行的实施法。要知全部教育和一科教授是不能分开的。国文两字，不过立个名目，以便称说而已，实即负全部教育一部分的责任。何况小学功课，国文实占最多数，又须知一切实施法，都以理论为本，而理论大都可随意谥以实虚之名。况且拘泥了实施法，易使远大的目的缩为微小；唯以理论做引路之灯，即随时有适切的实施法自然地产生。此等自然产生的实施法，恒为最能收效的方法。

以上两节，是教授国文的必须认定的两个观念。我人做什么事，本着里面的观念变为外面的态度。观念与态度不变更，则一切改革方法，转换材料，都成空话。所以我说国文教授的改革，在教者观念与态度的变更。本着第一个新观念，则知不为学校有国文科而教授国文；宜为学童特设境遇，引起他们的需要、他们学习国文的动机，而后教授国文。本着第二个新观念，则知教授国文不以教授形式为目的，这不过是附带的目的；宜为学童开发心灵，使他们视学习国文如游泳于趣味之海里。至于实施之方，将于后幅说明。

三、教材用语体抑文言的问题

照上面所说，似乎国文科的教材，将成非常广大的范围，环绕于学童四周的，无不可为国文教材。这确是如此。但有一层，无论什么事物，都要化而为文字，才与国文有关系。于是文字终为国文科的重要材料。在现时任教的常有一种疑问，语体文既已通用，而文言未能全废，此后小学国文教授，将全用语体文呢，还是兼用文言呢？要回答这个疑问，实在不必多所研虑。先问我们何以要学习文言，岂不因前人曾经以文言著书么？又问语体何以能通行，岂不因语体切合语言，更能通达今人的情思么？为今人的便利计，自然通用语体；为参观昔人书籍的便利计，于是兼治文言。小学生有参考昔人书籍的必要么？我想经子之部，乃专家所研究，非小学生所宜涉猎。史书文艺，或有益于小学生，而浩繁者多；宜重加编次，或为之翻译——果能做这两件事，也不妨应用语体。于是更不能寻出小学生需用文言的地方了。所以我敢断言，小学国文教材宜纯用语体。

以文言为教材，也是以前国文教授失败的要因。尽教师的能力，做了一番翻译的功夫，竭学童的心思，做了一番记忆的功夫罢了。至于内容，因出于教师所选择，未必便为儿童所领悟。且一面翻译，一面记忆，更加上几重模糊的外幕。在初步的国文教授，更常有这等情形遇到。譬如训“观”为“看”，固已确切不移，而学者因记音记义，反把活泼的“看”的一个动作淡忘了，倘若竟教“看”字，则不费一语，而教授之效全收；因为平日早已说惯了“看”字，明知“看”是什么意义了。唯此一例，即知教授文言所以不能收效之故。教材纯用了语体，于是教师无须有翻译讲解之劳，学童亦不必有勉强记忆之苦。国文教授所应有的事，将迥异昔时。唯事训练情思，使学童对于周围常常有欲了解、欲发表的冲动。更使练习语言，求发音和语调的正确；一面能正确地传达己的情思，一面能领解他人的言语。待感到有记录的必要时，便书成纸面的文字。以前所谓引起动机、提示、讲解、应用等等阶段，本是分析的；至此而浑成一气，只是学童全生活里的一件事实。小学教育的不论何科，必须能成为整个的一件事实时，而后学童感觉亲切有味。所以国文教材宜纯用语体。

四、教材的选择的问题

本于上述的见解，教者至少有一种觉悟，就是不可专恃坊间的教科书，以为所求教材，可以在里头取携无穷。现在语体教科书非常之少，而且所有的全由翻译以前文言本而来，其不适于用，已不必细说。进一步说，就是坊间能编出很好的语体教科书，教师也不得遽取应用，不复筹思。因为既以儿童为本位，则非儿童所自需，就不得强为授与。而坊间所编教科书，总希望通行于全国，全部的内容，决不会聚集于一个儿童的境遇里。倘若取以应用，一定有一部分非儿童所爱、所能领受的，那就要减少效率了。所以教科书止得供参考，止得备采用，教材还当在教科书以外去选择或搜集。

为欲从事选择或搜集，须先定一个教科内容的普遍的标准。教师既为儿童特设境遇，所希望的，就是在这境遇里可以得到适当的教材。所谓适当的教材，无非是儿童所曾接触的事物。然则将儿童所曾接触的事物，尽行记录或说明，就可算最好的教材么？那又未必。因为儿童的生活，差不多浸渍于感情之中；冷静的理解，旁观的述说，在儿童殊觉无味。要使儿童感觉无味，就不是最好的教材。所以国文教材普遍的标准，当为儿童所曾接触的事物，而表出的方法，又能引起儿童的感情的。换一句说，就是具有文学趣味的。儿童的一句随意的话，往往比成人更为文学的，这是我观察所得的经验。文学趣味本是儿童的夙好呢，教师当然要教他们以富有文学趣味的教材了。

夏月乘凉的场上，或是冬日融融炉火之旁，几位老人讲些童话故事，孩子们就听得陶醉了，仿佛全心已窜入童话或故事里。教师从这里可得一个教训，童话故事就是儿童所需要的，应当取为教材。我国地方很大，各地民情互异，传说故事之类，一定含有很好的意义和趣味。可惜从事搜集和汰别，到现在才视为最新的事业，没有已具优良评价的成书可得。所可以应急需，聊以慰情的，止有些外国童话的译本。因风俗习惯太相悬殊的缘故，或者不能充分地引起学生的趣味。所以教师宜应儿童所需，取传说故事之合乎上述标准的，以为国文教材。这是一条来源。

各地有特殊的历史、地理、习俗等等，总而言之，可包括叫作人事。人事是儿童所乐知的，也是儿童所必须知道的，关系这个，各地往往有谐韵的歌曲，演唱的戏剧；歌咏之余，实长民志。教师如获得这等东西，就当视为至宝，取为教材。即使没有，也当酌量创作，以飨儿童。——我欲附带说一句：教师应当能创作的，或者唯教师的精神，才是儿童适宜的粮食；倘若自己不敢创作，而唯赖编辑先生信手挥来的作品以临事，乃是教师的奇耻。这又是一条来源。

教材也许可以从儿童自身得到。儿童生活里面，恒有大感兴味，永记不忘的。这等事件，在他们的脑际便是丰妙的情思；出于他们的口，便是有味的一段语言。更令笔之于书，使他们多一种玩索的方法和机会，岂不成为最适切的教材？譬如共同种菜，一切经过的，他们都非常地感有兴味，则令他们自记种菜之事，即令自读，便是最好的教材。这又是一条来源。

总之，教材或由搜集，或由创作，俱当相度机会，待儿童需要而后与。所以要说定搜集或创作的范围，是不可能的事。准此理论，可知现成教科书决非完全切用之本。切用的教材应非整本。今年的二年生与明年的二年生，未必讲同样的教材，如其他们的境遇不同，生活互异。

更有一事，应在此节说明。就是：倘若学校里境遇完好，即儿童求知之欲很易引起；在国文教授方面说，便是读书之欲必盛。这正是国文教授里一种重要目的——养成读书习惯，而一般教师常是忽视或遗忘的。科内教材既以含有文学趣味为标准，即日常生活的必需知识之获得，当然更有赖于以外的书籍。此等书籍，但须泛览，不必精读。然而足以补充，可为参考，功用很大。又从分量讲，科内教材有定量，虽足使儿童感兴味，尚不能厌足。唯有取兴味相类的书籍供给儿童，使他们有取之不尽的乐趣。如此，国文教授的收效必更大。本这两个意思，于是搜集教材以外的书籍也成为重要的事项。我以为在现今时代，关于补充用、参考用的书籍，只有教师们努力创作。坊间原堆着满架的书，但大部是非儿童本位、非语体文的，因此难得采用。关于厌欲的读物，则有旧小说、译本童话等，只须合乎标准，便不妨取以供需。但因为数不多，仍急待有创作品出世。

五、国文教授之方法

往昔所谓教授法，殆可谓全属阶段之研究。教授倘拘于阶段，将整个的事件判析为零星死物，很有弊害。并且不论何种教材，必使经过同程度的阶段，岂是可通之理？但阶段的区分，并非全属不必要。倘能相机活用，务求保存所教授的为整个的事件，则旧时阶段之节目，正不妨应用，或且更生新义。以下略述教授法的大旨；因为阶段非重要的全部，所以不复分述，但说可以达到国文教授的目的之方法。

前文言教师当为儿童特设境遇，目的在使其自生需要，不待教师授与。设备简陋的学校，什么东西都没有，即比不良家庭，亦觉干枯百倍。儿童处这等境遇里，聪明闭塞，心无所注。然而先生所授的书本，偏要天天相亲。试想，就是书本里满盛着有味的故事，好玩的花鸟，在儿童有什么趣味？所以授与书本之先，必定要有可以引起需求这书本的境遇。有了听故事的习惯，玩花鸟的嗜好，自然想寻求故事，记述花鸟。这个当儿，教师与以相当的书本，最是自然凑拍的事。儿童止觉满足，并不觉我是学习功课。然而功效却比由教师特授的为大。在初学年儿童，才习文字，尤当纯用直观教授。从前授课，也曾有直观教授的方法，教师特取一事物，提示学生，然后教以书篇。这也似是而实非。事物出于提出，可知不与周境相和，而必突入儿童意境。虽然也能引起需求，若论动机，已属被动。倘若境遇里面已足引起需求，则不必提示，便达目的。譬如儿童早从园庭里审知鸟的一切，教授“鸟”字便算不得一回事。可见要行直观教授，首须设备的周密。所以学校里宜有会场、农园、工室、博物室、图书室等等设备；而教师也是儿童境遇里一要件，切不可远远隔离，授课时才相见。果能设备这等完备的境遇，当然不仅国文教授独享其利。可是要国文教授成功，非有这等境遇不可。国文教授并非是限于教室以内的教科啊！

既然引起儿童的需求，则此后的事，如观察、试验、批判、欣赏等，可以全归儿童，教师偶或帮助而已。经过这许多功夫，结果便是心灵的发展。这心灵的发展便是国文教授的重要目的。倘若并没有教师所预备的教材，儿童所怀的也就是这些教材；所以他们诵读之际，仿佛就是自己发抒情思。这多么快活呀！根据这层意思，则诵读的练习，不仅要在理解以后，更要采用表演的方法。我尝听小学生读国语教科书，一顿一歇，首尾莫定，竟不辨是什么话。又闻教师说，语体文不能读。这都错了，声音足以表情思，便叫作读。不能读语体文的学生和嫌语体文不能读的教师，他们都将情思和声音分离了。所以学童读书，须使完全理解内容，更须注意其音节，使声音恰与内容一致。如表演故事，儿童处个中人的地位说话，情思与声音易于一致，既多兴趣，复收练习之效。其他若演讲、谈话、辩论，都是练思且练习达思的方法，均须常用。国文教授并非是限于书本以内的教科啊！

儿童既有说话的练习，进于写作，实是自然联络的事，并不烦难。因为写作的本质是情思，本质的符号是许多声音，由本质化为符号，须遵社会的律令，差一点人家便不懂。练习语言的重要意义，实在模仿这社会的律令。律令既明，以下不过写录这些声音出来的功夫罢了。昔人往往说，古文的通不通竟难明其理；熟读书篇，一旦豁然，谁也不知道究竟是什么缘故。这个疑问正可以说明我义。古文是古人的语言，别有一种律令；熟读古文，犹如练习说话，在模仿其律令；律令学成，写古文自然通顺了。

命题作文，人人知道不对。我以为定期作文，也不很自然。果真儿童心灵充分发展，则随时有丰妙的情思，便随时可以作文。即如阅览书籍，笔记所得，也是一种作文的练习。总之，简单干枯的生活里，一切不能着手，趣味的生活里，才可找到一切的泉源。

以上标称方法，但仍不外乎议论。实因我国教育太过幼稚，顾及一端，便牵动全体。前提之前更有前提，所以不得不为统合的议论，以求全体的改善，前提的确定。本篇绝无深义，语又芜杂，是我的惭愧！

刊《教育杂志》14卷1号（1922年1月20日），署名叶绍钧。

篇三 教师的修养

至于使教师真能讲究修养的有效方法，我也说不出来。我只觉得最低的要求是“一言一行，都没有消极的倾向，一饮一啄，都要有正当的意义”。

教师的修养

教育固然有一点缓不济急之嫌，然而总是我们程途中的一盏灯，能够照着我们的四周使之光亮起来，又能照见我们的目的地，使我们加增前进的勇气。我们有了它，虽然觉现在站得不大稳定，但并不感觉空虚，因为丰美的秩序和境界出现在我们的想象中了。如其没有它呢？那就不堪设想了，当前这样昏暗，前途这样渺茫，我们即使不甘颓废，又何从振作起精神来呢？

教育不仅是有多少学校，不仅是有多少人谈谈而已，这件事情是要去做的，做了还要看实际的效果。一个国家的教育程度如何，不是少数学校所能代表的，以偏概全，无论何事都不适用。至少要大多数学校达到某种程度，才可说某国的教育大概达到某种程度。这是粗浅不过的常识，不必我来多说。

说到实际的效果，就得想起宗旨。若问宗旨，谁不会说要造就健全的人？而实施起来，不得不由算学教师教算学，由美术教师教美术……这是混本于一的意思，以为把算学美术等等东西萃于学生之一身，这学生就是个健全的人。不过有一层，学生没有一种特别的本领，使自己只从算学教师那里学算学，而不起一毫别的关系，如思想的影响和性情的感染之类。如其算学是学会了，与算学教师的别的关系又是属于积极方面的，别的功课又都是这样，这个学生能够成为健全的人是无疑的了。但是假如别的关系不幸而是属于消极方面的，那就不能把已经学会算学来抵账，即此一端，这个学生就难以成为健全的人了。所以算学教师的第一个条件固然在于能教算学，而将影响及学生感染及学生的所谓人品，务求其属于积极方面，这不能说是次要，至少要与能教算学同占第一条件的位置。美术教师等等当然同此一例。

说到评价，就得去听一般的舆论。对于我国教育的评价，且不说自己人所说的，曾有外国的教育家称赞我们，说我国的小学教育很有进步，只是中等教育差一点。大家听了这一句，颇觉得有点快慰，因为我们的小学教育进步了。这句话又引起了一些人的奋勉之心，向来不大有人提起的中学教育的种种问题，他们都着意去研究。于是“中等教育大有勃兴之象”这个意念，又时时在大家的脑际闪现了。但是我们踱进一个学校，或者遇见一个教师或学生，往往觉得怅惘起来，那种满足的快慰与预期的欣喜都像春梦一样模糊了，因为所接触的实况，全然不是这么一回事。具体一点说，就是与前面所说的第一个条件合不大上；即就算学教师而言，能教算学与否既成为问题，足以关涉及学生的人品又未必属于积极方面，这就根本的不成立了。所以外国教育家所说的小学教育很有进步和大家心头念着的中等教育大有勃兴之象，这两句话，至少要在前面加一点限制，如“某地某校的什么教育”才是，否则就不免犯以偏概全的弊病。

最近听见了一些事情，使我们更觉得怅惘，似乎前途是一个空虚之深渊，而我们的心将投入这个深渊。现在且写出一些来。

久别的友人来了，无所不谈，后来谈到嫖妓和纳妾的盛行。友人说：“某城中等学校的教师，据我所确知，嫖妓的有近二十人，纳妾的有某某等五六人。”我就想：这似乎很奇怪，其实是我早先不曾想起罢了；在我的家乡，我所认识的知道的如某某等，不是教师而兼嫖客吗？又如某某，他是我小学时代的教师，现在还当着小学教师，如某某，他现在任女子中学的教师，他们不都纳了妾么？于是与友人相视而叹息。

友人谈起在一个培训乡村教师的暑假学校里，颇闹了一些教人笑不出来的笑话。一、学校贴出通告来，说为了预防霍乱，将请医生来为学员注射，不取费，愿意的可来签名。一位学员看了，去问学校的办事员说：“要听这一课防疫注射要不要另外纳费？”二、一位学员买了一条奖券。开彩过后，他到铺子柜台前看了黑牌上写着的白粉字，回来欣喜地向学校的管理员说：“不知该得多少钱，刚才去看过，第一个号码对，末一个号码也对，中是一定中了。”三、一位学员问校医说：“遗与浊有无分别？”校医说：“当然有分别。你近来出去玩过么？”那学员起初不肯说，经校医严正劝告，才说：“不在这里，两个星期前，在本乡玩过的。”校医算了算，两个星期前，他已来学校报到了。

我不愿意使读者感到什么诙谐的趣味，所以朴质地记下这些事情，不敢加一点描绘。我要读者保持严肃的心态，想一想这些事情的背面。像这些教师，即使真个勤于职务，教某科的研究某科，任某事的忠于某事，也难免会产生坏的结果。他们不是自觉地要教坏学生，其实他们也没有这种存心，然而他们这种反常的心理和混沌的思想，却无时无刻不给与学生以坏的影响和感染。学生所求于他们的是受教育，从他们那里得到的却是坏的影响和感染，那么即使学会了零碎的算学美术等等，又有什么益处！何况某科的肯研究与否，某事的能尽忠与否，绝对不能与心理和思想脱离关系。心理反常了，思想混沌了，就只有懒惰，只有模糊，决不会有什么研究和尽忠的气息了。

我想现在如其真心要向这些教师说法，不必讲什么设计教育法、道尔顿制和教育测验等等，并不是说这些东西没有用处，这些东西的确是可贵的宝贝。但是它们好比是营养丰富的食品，而现在的一部分教师如上面所说的，正患着胃病，急待医治呢，胃病还没有治好，任何营养丰富的食品，只有个不消化而已。

我以为向这些教师说法，最要紧的是使他们的日常生活上轨道。所谓上轨道，指最平常的而言，就是一言一行，都没有消极的影响，一饮一啄，都要有正当的意义罢了。这虽是最正常的，也是最根本的。如果能做到这样，再加上教法的研究，原理的了解，固然是教育所需求的教师；即使退一步，没有深切的研究和透彻的了解，只要能做到这样，也不失为中庸的教师，因为他们没有残害学生的思想和情感。

教师应当讲究修养的话早已有人说过了，我这里说的也无非是这个意思。但是近来，这些话似乎不大听见了。我想有两个原因：大家觉得太不新鲜，不高兴去重述这陈旧的老话，是其一；开口的人大多是主张进步和提高的，合于他们的好尚的话也就不少，更无暇去说这些平凡的话，是其二。其实一种值得提倡的话，在还没有被大家领受以前，不论经历了多少时代，总有重行陈述的价值，无所谓不太新鲜。至于进步和提高，确是我们所希望的，但是扔下倒退的人陷在坑底的人不管，也就难以收到统计上的效果。所以我诚恳地陈说，当教师的人应当讲究修养。一般主持教育界论坛的人，应当时时想起教师修养是一件必要提倡的事。

我觉得我这些意思并非杞忧，如果大家把教师修养的问题丢在脑后，教育的前途实在有很大的危险。请大家不要只看都市，也去看看农村，不要只看交通方便的地方，也去看看偏僻的内地，不要只看教育事业的外表，也去看看它的就里，就会与我表同情了。我由于知能的薄弱，不能作详细的调查和精密的报告。但是我怀着这个意思已经好久了，时时想说又时时作罢，以为这样浅薄的感想不能引起人们的注意。这一回又经过了很深的怅惘，殊觉不能自已，所以不管什么，就这样写了出来。

至于使教师真能讲究修养的有效方法，我也说不出来。我只觉得最低的要求是“一言一行，都没有消极的倾向，一饮一啄，都要有正当的意义”。我想要走上这轨道，本当由各人自己去想办法的。而言持教育论坛的人根据自己的学识和经验，当然能够提出一些好的主意来供大家参考。我的目的只在促起大家的注意，所以虽然说不出什么有效的方法，也就不顾了。

末了我不得不责备教育行政人员。依理论讲，你们该知道教育应是什么性质，教师应是什么样人。你们为什么不在收发公文照例视察等等事务以外，看看教师们是否个个胜任教育的事务。你们如其肯看看，我这样的人所能感受到的想法，你们一定很敏锐地感受到了。于是你们可以想出聪明的办法来，使他们渐就改善。或者没有改善的希望了，那么随即撤换也是你们的权力所能做的，而且是极正当的。要知道牺牲几个人的饭碗究竟是小事，“救救孩子”才是至要的重务。但是你们全不想到这些，只顾在那里或则瞎忙，或则混饭，我就对你们大为失望了。

一线的光明尚在师范学校。我愿师范学校好自珍重，容纳我这里所说的一些意思。师范学校能于学生修养上特别注意，说得低一点，也可以造就水平线以上的教师。而事实证明不止于此，现在有点成就的青年教育家，大部分是从好的师范学校里出来的。所以我虽是怅惘，却还存着一些乐观，只希望师范学校多多流出清水来，把旧时的浊水冲去，于是我们就有一池清水了。

刊 1923 年 8 月 19 日《努力周报》66 期，署名叶圣陶。

教师必须以身作则

小学生守则二十条，全是简短的话，口气是小学生自己对自己说。实施小学生守则，就是要小学生拿这些话勉励自己，管住自己，在语言、举止、态度各方面养成好习惯。这些好习惯是小学生学习和劳动的时候所必需的，是社会主义社会的人不可缺少的，所以非养成不可。

要使小学生真从心里说出这些话，真有勉励自己管住自己的愿望和意志，只给他们讲一讲守则，叫他们念一念守则，当然不济事。教师必须随时随地给他们说明或者暗示，什么是好的，为什么好，什么是坏的，为什么坏，让他们经过自己的体会，终于喜欢那好的，厌恶那坏的。这当儿，他们才觉得守则的话正是他们要说的话，才觉得非拿这些话勉励自己管住自己不可。觉得守则的话正是他们要说的话，这就有了自觉性。觉得非拿这些话勉励自己管住自己不可，这就有了积极性。必须在小学生的自觉性和积极性的基础上，守则的精神才能贯彻在他们校内校外的生活里。

教师教学生靠语言，讲一堂课，谈一番话，语言是不可少的工具；可是要知道，决不能光靠语言。教师讲了一大堆有道理的话，可是他的实际生活并不那样，他的话就不会对学生起多大作用；或者讲了什么是不好的，可是他的实际生活里就有那种不好的成分，那就会给学生很坏的影响：他们至少要想，原来话是可以随便说的，说的话跟实际生活是可以正相反背的。唯有教师的话跟他的实际生活完全一致，不但像通常说的“说得到做得到”，而且要做得到才说，情形就大不相同。那时候学生非常信服，愿意照着教师的话积极地实行，因为面前的教师就是光辉的榜样，他们觉得跟着教师走是顶大的快乐。我国古来有所谓“身教”，就是说教师教学生不能光靠语言，还得以身作则，真正的教育作用在语言跟实际生活的一致上。这样看来，教师必须以身作则，小学生守则才能有效地实施。

举个例子来说。譬如进出屋子要开门关门，这是寻常的事，可是门怎么样开怎么样关，就有应该注意的地方。要是砰的一声推开，又砰的一声关上，那就在短时间内发出两回讨厌的声音，给屋内屋外的人两回刺激。人家在那儿做事用心思，听见砰的一声多少要受些妨碍，就是不在那里做什么，也会感觉怪不舒服的。所以咱们要教小学生从小养成习惯，轻轻地开门，轻轻地关门，能不发一点儿声音最好。门有各式各样，要做到开关任何式样的门都很轻，甚至不发一点儿声音才好。养成了这么个习惯好像没有大关系，可是在开门关门这件事上，这才真正做到了小学生守则第十六条里说的“不妨碍别人的工作、学习和睡觉”。推广开来想，在开门关门这件事上能够不妨碍别人，不就是在其他事情上也能够不妨碍别人的基础吗？把轻轻开门轻轻关门的心放到一切事情上，同样地养成习惯，不就什么举动都不至于妨碍别人了吗？这样看来，轻轻开门轻轻关门实在不是一件小事。可是，咱们不留心也罢，要是留心一下，没有轻轻开门轻轻关门的习惯的人事实上并不少。他们开门关门的时候好像正跟门生气，碰见弹簧门就非常珍惜自己的手劲，再不肯抓住门的把手，耳朵是听惯了，砰砰的声音听而不闻，因而绝不会想到在一进一出的当儿给了人家多少麻烦。我这个话决非随便乱说，读者不妨留心自己的周围，准可以发见那样的人。要是教师刚好是那样的人，那就至少在开门关门这件事上不能使学生养成好习惯，不能叫学生不妨碍别人。理由很清楚，就在他不能以身作则。学生会想，教师也是那么砰的一声进砰的一声出的，自己为什么不能砰的一声进砰的一声出呢？尽管教师说得口枯舌干，不妨碍别人有多大道理，还是收不到一点儿效果。要是教师能够以身作则，情形就完全不同了。教师的每一回进出都是给学生示范，使他们觉得唯有那么轻轻地开关才是正当的举动。而且这并不是什么难以做到的事，有教师的榜样在，教师轻轻地开关，不是好像行所无事吗？这当儿，教师尽可以不说什么话，即使要说，也不用多说，因为这是“身教”，不说或者少说足够收效了。再说，要说的大概也不是“你们得轻轻地开关”之类的话，而是指明大家在安宁的环境里学习和工作，不受别人烦扰，多么愉快，多么有效果的话。总之，说的话不但要使学生明白一些道理，而且要使学生亲切地得到一些实感，感到那种好的环境非努力争取不可。学生的自觉性和积极性就是从这里来的。于是他们永远也忘不了“不妨碍别人"的话，永远拿这个话来勉励自己，管住自己。

前边一节话把开门关门这件事作例子来说，其实什么事情都一样。要叫学生怎么样，教师自己先得做到这个怎么样，要叫学生不怎么样，教师自己先得做到这个不怎么样，这就是以身作则。

现在且不说旁的条目，只就小学生守则里有关不怎么样的条目说一说。守则里有关不怎么样的共有六条，就是第四条、第七条、第十三条、第十六条、第十七条、第十八条。要叫小学生真从心里说出这些话，真拿这些话勉励自己，管住自己，教师就得在日常生活里完全做到这些个不怎么样。第四条里有"不迟到，不早退……"的话，教师就应该问问自己，无论干什么事情，自己有不守时刻的毛病吗？第七条里有"不随便说话，不做别的事情"的话，教师就应该问问自己，无论干什么事情，自己有游心外骛，不能专心致志的毛病吗？第十六条里有"不骂人，不打架……"的话，第十七条里有"不骗人，不赌博……"的话，要是教师自问都能够"不"，这些恶行自己都不犯，还应该问问自己，平时在辞气和神色之间，自己有鄙夷不屑、蛮横粗暴的表现吗？平时在对人对事方面，自己有欠诚实、贪图私利的存心吗？自问之后，要是答案全都是没有，那是最值得欣慰的事情。为什么最值得欣慰？因为这就可以以身作则，给学生教守则的这些条目，收到切实的效果。要是答案是有，或者有一点儿，那就非赶紧戒除不可，无论自己的这种毛病轻还是重，自己的这种表现厉害还是不厉害，自己的这种存心深沉还是不深沉，总之要戒除得干干净净，不让在自己身上留下一丝儿根芽。为什么要这样做？因为不这样做就不能以身作则，就没法给学生教守则的这些条目，收到切实的效果。

关于不怎么样的条目如此，关于要怎么样的条目也如此。教师自己不努力做个好教师，能叫学生“努力做个好学生”吗？教师自己不跟周围的人友爱团结，互相帮助，能叫学生“和同学友爱团结，互相帮助”吗？以此可以类推，不必多说。

小学生守则已经公布，全国各地将积极地、有步骤地贯彻执行，我诚恳地对全国小学教师贡献这一番话。我相信全国小学教师都怀着为人民服务的意愿，必然能够以身作则，实行“身教”，使小学生真从心里说出守则的这些话，真拿这些话勉励自己，管住自己。

1955 年 4 月 3 日作，原题《实施小学生守则，教师必须以身作则》，刊《小学教师》4 期，署名叶圣陶。

今日中国的小学教育

我是个小学教师，小学教育界的情形，当然比他人晓得得详细些。就我所晓得的情形而论，竟可说“不如意事常八九”，好现象纵不是没有，至多只有二三分罢了。因此感喟频兴，思潮起落，觉得非改弦更张不可。这篇文字，一半算是我自己和一部分小学教师的忏悔，一半算是改弦更张的一个“楔子”。但愿读者不以人废言，将篇中所说审察一番，便是作者无上光荣了。

一棵花，一棵草，它那发荣滋长的可能性，在一粒种子的时候早已具备了。但是有些种子竟不能发芽，便发了芽，竟有苗而不秀、华而不实的。这是什么缘故呢？先天的遗传有什么不完全的地方，遭逢的环境有什么不适宜的地方，是一种原因。那从事栽培的种植家不知植物的可能性，横加摧残，是又一种原因。称职的种植家栽培植物，虽不能增加植物的可能性，却能渐渐改良那不良的遗传性和环境。不称职的种植家非但不能改良遗传性和环境，反而阻遏可能性，那么植物就糟了。如今把植物比作小学生，小学教师便是个种植家。栽培小学生有效没有效，只有他负责任。

如今小学教师的缺点，就在欠修养功夫。无论什么事业，我们去做它，必须先把这项事业的价值理解明白。既经理解，我们确信这项事业是高尚的，神圣的，便一举一动都和它有精神的侔合，这便是成功的基础，便是修养。小学教育的价值是什么呢？这个问题已经过几许学问家的讨论，答案很不一致。若叫我下个完全的答案，我如今也没有这样的能耐。但是我常常自问：小学教育是为着小学生的，小学教师是栽培小学生的，我们究竟希望小学生达到怎样的地步呢？我便想，若是单叫他们摹仿古人的行径，记忆古人的思想，那么有记载前言往行的“陈编”在那里，识些字懂些讲解便完事了，要什么小学教育？若是单叫他们学得一技一艺，得以养家活口，那么各项商业工业有招收学徒的办法，否则也只消办些艺徒学校、商业学校就可以了，要什么小学教育？原来人之所以可贵，并不在他既已为人，乃在他将进而为更高尚的人。一个人的所作所为，如果能参加整个人类的进化历程，便算是个有价值的人。那么真实明确的人生观，当然是每个人必须具有的了。这真实明确的人生观不是随随便便就可以认识到的；但是又不能东寻西找，耗费了许多光阴，直到了下半世才认识到。必须在幼年的时候就能认定方向，纵然没有什么“人生观”的名词在脑际，却走一步进一步，自然而然不走到岔路上去，才能越进越真切，不白做了一世的人。这幼年的时候，不就是做小学生的时候吗？替小学生定个方向，使他们对准了方向，充分发挥他们的可能性，不就是小学教育的力量么？所以我们可以说：小学教育的价值，就在于打定小学生一辈子有真实明确的人生观的根基。

我在上方说过，小学教师是栽培小学生的，如今要使小学生有一种真实明确的人生观，要用种种方法去陶冶他们，自己就不可不先有一种真实明确的人生观。如今的小学教师对于人生的问题，我并不武断，竟可说十之七八还没有讨论过。原来处世立身，定个见解，无论是好是坏，均得称为人生观。然而“道其所道，非我所谓道”，要求切合于人生的真实明确的“道”，他们就茫然无所闻了。其实中国各界的男女大抵如此。自己的方向还没有定，却要引导他人；自己从事的事业的价值还没有理解，却要做这项事业，陶冶他人：这是可能的吗？若是不可能，却虚有其表，挂个“为人先导”的招牌，岂不是戴着假面具闹着玩吗？这就是小学教育没有好成绩的根本原因——教师没有真实明确的人生观，没有修养功夫。

如今一般的小学教师抱的是怎样的人生观呢？原来我们中国人凡是称为读书明理的，从传统上环境上总带着几分学究气息，他们的人生观就是什么“继承道统”“宣扬圣道”等等。这些话如果真实明确的，切合人生的，自当称赞他们窥见了真际，不必可怜他们辱没了自己的个性。但是他们所说的“道统”“圣道”，都玄之又玄，找不出真际来。在他们看来，“继承道统”“宣扬圣道”是人间一种特别神圣的事业，超出人生的普通行为之上，不是普通人都能做的事业，就因所谓的“道统”“圣道”只可以“神会”的缘故。他们还在庆幸自己的人生观“玄之又玄”，不可捉摸，超出于普通的行为之上；究其实际，他们这些话只配在他们“摇头”“摇笔”的时候运用，若说切合普通行为的人生观，他们一些也没有，简直同无知无识的人没有差别。如今做小学教师的虽然不能说都是这一辈学究，大概也不免沾些气味，带些色彩。他们抱定了他们的笼统玄妙的不切合人生的人生观去陶冶小学生，于是说：“欲为圣贤便为圣贤，欲为豪杰便为豪杰，唯在立志而已。”圣贤豪杰是怎样构成名词的？这个“志”又怎样立法？他们就不去研究了。他们又把道德上的“玄名”作为训育的材料，什么“诚”“敬”“恭”“俭”，许多名词说了一连串，便算“我尽我心”了。他们不知道这些名词不过是从各种行为概括出来的一种“玄名”。他们也不想用怎样的方法，才能使学生的种种行为配得上这些“玄名”。他们“循名遗实”，“倒果为因”，结果教育自教育，学生自学生，教育和学生不发生什么关系，自然难以得到好的结果了。

学究气味的小学教师，总的病根在于他们的笼统玄妙、不切合人生的人生观。若要洗刷一新，非去掉旧的，找到正路，用真实明确的人生观来替代那旧的人生观不可。可是要找到这替代品可不像从前那么容易，只须摇摇头摇摇笔就可以完事。人生活在世间占个怎样的地位？人的知能是怎样的性质？种种社会是怎样的情状？个人处于社会中应当怎样？这等问题，都要切切实实作个答案。要作这等答案，又先要把关于这等问题的各门科学，如生物学、人类学、心理学、社会学、伦理学、哲学等等，下一番切实的研究功夫，从各门科学中得到切合现代人生的概念；把这个概念并合起来，找出个“人之所以为人”的道理，才能立定真实明确的人生观的根基。试问现在的小学教师，对于这种种科学抱的是什么态度？莫名其妙，从未接触过的，是一类；略一涉猎便嗤为无用的，是一类；至于明白科学的重要，处在“教人”的地位，还肯在那里孜孜不倦研究的，实在是寥若晨星了。我曾想过，那些学究气味的小学教师习染已深，根性难改，也不必加以责备了；那些受过完全师范教育的教师，都研究过上面所说的各种科学，他们的人生观与那些学究气味的总有所不同吧？然而考查他们的实际，竟和我的想法大不相同。他们在师范学校里，就把伦理、心理等等学科看作最无味的东西，一上这些课头便涨了，不过为了分数不得不勉强敷衍一下；等毕了业，做了教师，这等无味的东西快快撵出脑海还来不及，谁还肯费心思去研究。另一方面，那学究气味的人生观不消用分析的方法去精确研究，就可以笼笼统统，供“摇头”“摇笔”时应用；他们欢喜的正是容易和普通，于是舍彼就此，自然而然加入了学究的行列。他们把学术看作无用之物，不是表示真理不是必需的吗？真理既然不是必需的，教育事业还有什么价值可言！

小学教师欠缺修养功夫，教育事业的根本就得了病，一切设施大概是错的；即使不错，也只会枝枝节节做去，决不能做到根本上。我这句话，随便找些事实都可以证明。小学教师没有切合人生的人生观，对于教育就没有确定的主义；但是身为教师，又不可不有一种主义做幌子，于是人家主张的主义，只要它是通行的，有势力的，便亦步亦趋拿来主张。人家说“军国民教育”是强国的根本，他们便叫学生唱《从军乐》，练习野战；人家说职业教育是富国的基础，他们便叫学生织草鞋，编竹席。这些主义是正当的还是不正当的？是全面的还是偏乖的？究竟哪一种是应当主张的？他们却不从学术上和自己的理性上下一个断语——大概他们没有这能力。最妙的是熔各种主义于一炉，凡是世人主张的，他们应有尽有，不管是水乳交融的，还是相互矛盾的，其实牵强附会，舍己从人，简直没有自己的主义。人家主张的主义，有许多是迎合社会、迁就现状的；他们对于社会现状但求相容，本来没有矫正社会改进现状的趋向。教育和社会本当互相适应，脱离了社会，教育便失去根据。所谓“适应”贵在顺进化之理，以备应付将来；若以现状为已足，只求受教育者和现状相应，那么教育便成了一部印书机，还有什么价值！那盲从“印书机”的教育主义的人，不是走入了迷途吗？再说，人家抱定一种主义，用种种手段去贯彻它，才定下许多设施；设施的精神并不在设施的本身，而在他那主义。若是不明白这种主义的精神，单把许多设施搬来，这样“邯郸学步”，枝枝节节，支离破碎，勉强厮混，可以断定是劳而无功的。

凡是自己没有真实明确的人生观的人，对于他人的情性和希望，也模模糊糊，弄不明白。小学教师没有确定的主义，大半由于他们不明白学生现在的情性和将来的希望。学生有怎样的可能性？学生要求于学校的是什么？学生将来最好要做怎样的人？这等题目，他们都答不上来，他们只从自己的模糊的偏见来定一切设施，只拣那最容易的不用费心的做去。对于训导和管理，他们所取的唯一的方法叫作“严格”，六七岁的孩子便须规行矩步，不许他们有活动的自由。孩子的情性是最活动不过的，勉强他们受拘束，就不免有耐不住的时候，依旧活动起来。这时候教师如临大敌，仿佛官吏对待乱民一样，定要设法压服了他们，自己才神恬心安。除了这“如临大敌”的时候，除了上课的时候，教师和学生就没有接触的机会。从这个现象就可看出，他们主张教师是训斥学生的，因为学生好捣乱，具有劣根性的缘故。这个主张其实也谈不到训导管理，不过是摧残学生的可能性，使他们的可能性日渐消灭罢了。这个主张的反面，还有个最容易最不用费心的方法，就是“放任”。这种放任主义，若出于“顺着孩子的天性，引导他们接近那切合人生的人生观”的见解，那是再好没有了。可惜的是他们只做那上半句，并没有做完全。小学生的许多行为，确也有染了恶习的，那决不能说是他们的天性；然而抱放任主义的教师一律放任，不想个方法，谋个补救。大家说改良社会首在教育，尤其是最普及的小学教育。如今小学生染了社会的恶习，教师没有能力帮他们洗刷，却要以教育去改造社会，岂不是个梦想！我想，做教师的果真要使训导收到效果，应当以生物学、心理学等等做起点，把儿童的情性详细研究一番，然后本着自己认识人生观的方法，顺了他们的天性，指导他们也走上正当的轨道。这其间，教师怎样指导怎样纠正，都是满足学生对于学校的要求。种种现象在我跟前呈现，各不相同，我只须抱定了根本大法，就是使小学生打定具有真实明确的人生观的基础，随机应付；切不可执定一种方法，以牢固的成见去应付千变万化的现象。况且学生并非处于“被治者”的地位，所以连“宽猛相济”的“治道”也不适用，还说什么“严格”，说什么“放任”！

书籍的作用，简单说来只是古人的思想行为的符号。古人的思想行为已经到了什么地步，我们认为是不错的，就拿来作根据再向前进步，省得重走那古人已经走过的路；若认为是错的，就改个方向，省得跟古人同入迷津。要知道古人的思想行为是怎样的，不得不去寻找古人思想行为的符号，这就是读书。学校教育要叫学生读书，便是这个意思。但是要注意，读书是要学生知道“已往”，为“未来”作准备。那些没有切合人生的人生观的教师不很领会读书的作用，只知道自己是读过书的，别人也是读过书的，以为读书是人生一件特别的事情，于是也叫学生读书；至于怎样才能使读书跟人生发生关系，要怎样读法才能引导学生为未来作准备，他们就不去问询了。他们最勤恳的功夫便是参考古典，罗列考据，做教科书的注释家。至于教科书里的材料是不是切合人生的？是不是为未来作准备所必要的？离开了教科书，是不是别无教授的材料？这等问题，他们是决不敢想的。我想学生受这样的教授，若是不很用心，倒是他们的造化：如果全部容受，无不记忆，那么吃亏就不浅了。为什么这样讲呢？读书只求记忆，没有研究的方法，没有实验的机会，那究不会切合人生，丝毫没有用处。然而听讲、记忆、背诵，一件件做去，却费了许多精神，占了许多时间。一个人在幼年的精神和时间是何等可贵，无端被教师引导用在“死读书”上了，就同抛在汪洋大海里一样。这是吃亏的第一层。幼年吃了亏，走错了路，将来改换方向，弥补缺憾，即使容易，许多精神和时间已经耗费了，如果不耗费而用在正当的方面，将来的成功定能增加许多。何况习惯既成，便根性难移；幼年所做的功夫，用“盲从”二个字便可概括，那“喜明辨”“爱真理”的可能性已渐渐澌灭无余，将来处理人生事务就脱不了随波逐流，没有自己的主张，到那时受旁人批评，说什么“不知道人之所以为人”“做了他人的奴隶”，不都是现成话吗？这是吃亏的第二层。然而究竟是谁的罪过呢？

上面说的，是那些完全领受教师的教训的学生，其余的学生对于这样的教授又怎样呢？他们会想："我睁开眼来，看见天然界的现象是最好玩不过的。我走到各处，看见种种人为的事业是最奇妙有趣的。但是教师要我们读书，这有什么趣味！拘束了我的身体，耽搁了我东寻西找的功夫；什么课什么课上个不完，不知为的什么？难道不读书就不能做人！"我想他们这样想实在也难怪，儿童的天性本是注重事实的，欢喜自己去做的，凡是合乎他们天性的，他们就愿意知道它，学会它；与他们的天性不相侔合的，他们就不想知道，不高兴学。学校教育定出各种科目叫学生学习，只为帮助他们确定切合人生的人生观，那么应当就他们耳闻目见的种种事物，把研究的方法，推理的途径，一一给以指导。为教授的便利起见，把种种事物分析开来，便有了关于身体、关于修养、关于知识的种种科目，许多科目统贯起来只是一条线索，就是帮助他们确定切合人生的人生观。学生在学习的时候，觉得样样是事实，样样有趣，样样做得到，他们便分外勤奋。这时候他们觉得很有用得着书籍的地方，他们便去读书。因此可见，教师教各种科目，教各种教科书，并不是教过就完事了，还要以教育的价值为出发点，适应着学生的天性，拣那学生需要的给他们指导。教师日常教的虽是某科某书，然而心思力量必须集注在这个出发点上，那么所有的设施才有根基，没有茫无目的的弊端。又因为要使学生为“未来”作准备，当然不能只教给他们以往的成法和科学的结果。须知“成法”和“结果”是有限的，“未来”却是只顾进步没有穷尽的。所以最要紧的是引导他们练成能处置未来，进而使自己成为更高尚的人的动力。但是如今的小学教师，只顾教书的竟占了大多数，却不管学生是否需要，能否容受。其中也有很热心的，他们把以往的成法，科学的结果，凡是自己懂的，一一明明白白教给学生，很有手段，而且确无谬误；学生自己不必费什么心力，只须记住教师的教授就算受到“衣钵”了。其实这两种教法都算不得学校教育，却把学校变成了“学科杂货店”；学生到学校里来，充其量不过得到些学科的皮毛，还说不到货真价实。由于教法的不得其当，学科各各独立，没有认定教育的价值是共同的出发点，教历史的只顾教他的历史，教算术的只顾教他的算术；各种学科互相没有关联，也没有适应人生事务的应用方法。我曾听见一个商人批评学校教育说：“学校里头科目太多，徒费学生的精神，有什么用处！”他这样说固然没有明白教育的价值，然而用来批评当前大多数学校的教育现状，也不能说他不对。

小学教师对教育没有主义，对教授没有根本的出发点，那么教育事业就非常简单了，教师只须逢场作戏，做一天和尚撞一天钟，今天不登场，不做和尚，和教育便没有丝毫关系；换一句话说，他们做教育事业是适逢其会，偶一为之，至于精神的侔合，是根本就没有的。他们抱着这等态度，对事业的成功和失败便不负责任，所以对于学校里的一切设施只求省事，只求“无为而治”；什么校园、运动场、工作场、会堂、图书馆、博物室等等设备，什么集会、工作、运动、旅行、考察种种活动，他们一概看得无足轻重，可省即省。目前许多学校的设施不能周妥，经费的缺乏固然是一个大原因；但是这种种设施可以使学生接触实际事物，促进他们求知求能，发展他们的可能性，使他们认识到真实明确的人生观，因而决不能抛弃，应该从省俭方面去寻找替代。也有许多学校居然有这等设施，然而设施是死的，怎样利用它们使学生得到知识和能力，还需要活的手段。教师的手段全仗他的修养，教师若没有修养，便同没有技术的工匠一样，对着机械只好瞪着眼看，不知道如何使用。然而他们并不感到自己的缺憾，原来他们置备这等设施之初意，不过看人学样，用来做学校的装饰品，他们甚至把学生也当作学校的装饰品。所以现在一般的学校不是枯寂无味，像座古庙，便是五花八门，像个杂乱的古董铺，没有意义，没有生气，没有趣味。他们把学校弄得非常简单，仿佛是天地间的一个特别的境界；而家庭和社会，都没有这样简单。家庭是学生产生的地方，学校却和家庭不同；社会是学生将来发展的地方，学校又和社会不同，然而学生偏偏要进这样的学校，在这特别的境界里消磨上许多岁月。学生等到毕了业，出了学校，却依然故我，没有得到处理家庭事务和社会事务的较好的方法。这究竟是怎么一回事呢？就因为学生一进这样的学校就觉得没趣，就把学校里所教授的抛在一旁，心思和气力都用到学校以外的事物上去了，那么社会上的种种弱点不免乘虚而入。这不是一个弊端吗？学生到学校里来，本想为“未来”作准备，如今学校和家庭社会都格格不入，学生即使努力也是枉费心力；那些惰性较深的索性看穿了，不去枉费心力了。然而为着未来的人生，决不能没有准备；如今把作准备的时间胡乱葬送了，学生将来的一生也就可想而知了。这不是又一个弊端吗？

小学教师不明白教育的真价值，又容易流于偏重形式的弊端。他们不知道学生的情性怎样，便把学生当作一件机械。他们又不知道学生要求于学校的是什么，便叫学生迁就学校，给学校装场面，以满足他们的虚荣心。就因为把学生当作机械，不承认学生有活动的个性，所以行动作息都要求一律，整日叫学生坐在教室里或站在操场上，各占二三尺见方的地位，此外便没有活动的所在，便是这班教师的绝妙的管理法！教授学科，他们预先编定教案，自己怎样问，学生应当怎样答，逐句话逐个动作，一一配定了各占若干时间；到了上课的时候，只把自己问的和学生答的照所列的表表演完毕，没有不合预先设计的，连时间也没有差错，这便是这班教师的无上教授法！他们还以为这等机械的动作练习得多了，学生一定得益不少，所以增加授课钟点，到太阳落了山才放学，便是他们的热心教授！他们又定出种种规则，什么事得怎样，什么事不得怎样，都详载无遗，仿佛一部《违警律》；只求学生不犯规，不必叫他们来训斥，便自以为“训育有方”了。为查察学生的成绩，他们便注重考试；为严格学习的年限，他们便扣算学生的缺课；这等事一时也写不尽。我并不是说学生不应当进课堂、上操场、习答问、守规则、应考试、不缺课，但是教师对教育没有确定的主义，单单把这些事项作为题目来做，那么能不说是“徒具形式”吗？他们认为学生是为学校而来的，所以叫学生开运动会、学艺会等等，叫学生作了书画文字向各处投稿，好给学校装场面。他们还细行密字编成各种表册，管理上的训导上的教授上的都有，但是不从这些表册求个统计，找出什么改进教育的方法，只求他人看了赞一声“表册完备”，便算得到了全部的功用。我并不是说学生不应当锻炼身体，不应当学艺，也不是说学校里不应当编造表册，作为“证往知来”的依据；但是对设施的着眼点不正确，这等设施就完全失却了教育的精神和价值，那么能不说是“专务形式”吗？

我把现今小学教育的大部分情形，差不多都说到了。照我所说的情形看来，不能不想到非改弦更张不可。现在有许多人和我一样，也有同样的感触，觉得小学教育若再因循下去，必然对孩子非徒无益，而又害之。于是有许多报纸杂志在那里鼓吹“教育者须修养”“立教育基础于人生观”“人格教育”等等主张，这不是很可喜的现象吗？可惜做这些文字的不是教师，更不是小学教师。我想旁观者的言论纵然清切详明，决无强人必从的力量；或者竟有人愿意听从，但是能不能觉悟到自己的不是，把不是根本抛弃，然后努力研求，自己寻到个是的趋向，还说不定。教育事业原是教师做的，教师不能只等旁人来“觉我”，要靠自己觉悟。“自觉”和“外铄”，在旁人看来似乎没有区别，在实际上精神上却大异其趣。凡是人生的一切，从“外铄”得来的，虽言表名理，行合正谊，也不过是被动的；若是从“自觉”得来的，便灵心澈悟，即知即行。我是个小学教师，所以我要“自觉”！我希望小学教育收到真实的功效，所以要请许多小学教师一同“自觉”。

1919年2月27日作，刊《新潮》1卷3号，署名叶绍钧。

当语文教师的准备
——跟北师大中文系学生讲话的提纲

师范生自己宜为研究者，并为熟习者。但出而任教，不宜令学生亦为研究者。能令学生于阅读时多加练习，知道最重要的几条规律，养成敏捷的语感，即可。

例如：语音——自己要掌握语音学知识，可是作教时不必讲这些知识，能口耳接受，使发音准确，即可。尤其教方言区学生，要掌握对应规律，使能扼要练习，举一反三。

语法——自己要掌握较系统之语法知识。作教时尽可从观察语言现象入手，令作练习。如一句分两部分，两部分都可以加上修饰或限制，各种附加语都是修饰或限制之扩大，前后呼应之不可忽略，等等。出习题固是练习，随时留心，察其正误，也是练习。练习多了，熟了，敏捷的语感即养成了。

修辞——自己亦须略有系统知识。作教时首先要使学生知道修辞并非“外加”，而是表达的本身的要求。如反诘语、重叠语，如比喻，如拟人，都是谁都经常用的。学生在读写中，应学会体会得透，应用得适当，如此而已。

逻辑——自己亦须略有系统知识。首先宜令注意概念（用词）之正确与一致，判断之确切（成句），推理之合理（联成若干句）。四个律恐亦不必抽象地讲，唯须于指导时运用其精神即可。

篇章结构——要令学生看出作者之思路。不唯议论文如此，文艺性文章亦宜察其思路，如何创造境界，描绘形象。总之，无非要领会其中心意旨，根本思想。阅读如此，令学生作文，则在引导他们自己整理思路，编成大纲。大纲或许是粗线条，在动笔之际，在成篇之后，还得加密地整理。凡是修改，全是修改思想。思想须修改，语言当然须修改，因为思想不是凭空的，是用语言的形式来固定的。

以上说的都是语言训练方面的事，但是也牵涉到思维训练。总之，教师要教这些，必须有比较全面的知识，而且有熟练的运用技能。如果仅仅知道三四分或一二分，那就连三四分或一二分也教不好。又如作文，教师要教好作文，固然要研究些方法，如何指导，如何批改，如何评讲，但是尤其重要的，教师自己有丰富的作文经验，深知其中甘苦。假如自己经验不多，指导和评讲或将是公式化的，批改也可能不中要害。你们将来要教学生作文，改作文，现在作文要特别留意。现在知道其中甘苦，将来对于学生就能多所助益。

“以身作则”说到此为止。换言之，先求诸己而后求诸人，必须充实自己，才能教好学生，在教育工作中尽光荣的责任。

以下再说一些。所谓教师之主导作用，其义在“引导”，并非一切由教师主动，学生处于被动地位，只听教师讲说。譬如走路，教师指点一下，或者在前边走，路还是要学生自己走。引导之后，学生能自己理解，自己练习，教师又何必多事口说？要在学生走不通的时候，才给他们扼要点明。教师不能一辈子跟着学生，学生必须随时读写，直到老年，这又是必须让学生自动发挥他们积极性创造性的理由。所以，径直讲课不如布置预习，径直说明不如提出适当的问题，安排适当的练习，让他们自求得之，如有不合，才给他们纠正或补充。这些常识或许你们的老师早经说过，我以为当任何学科的教师都宜如此，所以在此说一说。

你们要多多参观，最近去过五个中学，听十三位教师讲课和发文课，这是最好的事。不要参观了就算，要细心考虑，他们的长处在哪儿。所谓长处，就是对学生非常有益的教学活动。你们还可以设想，要是我去教这堂课，我去发这些作文本儿，还有什么地方可以改进。

你们要多多接触中学生。自己是中学生过来的，家里的弟妹现在或许正是中学生，了解当前中学生的精神面貌，你们并不困难。现在在师院，你们应当为准备当教师而了解中学生。

你们要更深更透地体会教育方针的精神。无产阶级政治，是怎样的意思？服务，怎样才服务得好？教育与生产劳动相结合，究竟怎样结合？从在校的学习，从自己的实践，从学习毛泽东著作，从看书看报，从参观访问，只要随时记住，随时都会有新的体会。而这些体会，都将影响你们将要从事的教学工作，会使你们左右逢源，当成具有积极性创造性的语文教师。

教育革命，浪潮掀动全国。学科中，教学中，少慢差费之现象不少，势在必改。现在的教师，将来的教师（你们），都要在“改”的高潮中贡献全力，这也就是“为无产阶级政治服务”。祝你们加强努力，做奋勇当先的促进派。

1963 年 2 月 26 日与北师大中文系毕业班讲话提纲。

夏丏尊先生逝世

我们要告诉读者诸君一个哀痛的消息，夏丏尊先生在上月二十三日下午九点三刻逝世了。他害了肺病，一直没有注意，不知道染上了多久。发觉害病在去年夏秋之交，休养了一些日子，到胜利消息传来的时候，已经好起来，当夜的过度兴奋使他没有睡觉。再度发病在今年一月间，起初是不能出门，后来就不能离床，延续三个月，终于不治而死。他享年六十一岁。

本志在十九年（1930 年）创刊，夏先生是创刊当时的主编人。他与我们一班朋友不办旁的杂志，却办《中学生》，老实说，是由于我们不满意当前的学校教育。学生在学校里，应该名副其实地受教育，可是看看实际情形，学生只得到些僵化的知识。僵化的知识可以作生活的点缀品，这也懂得一些，那也懂得一些，就可以摆起知识分子的架子来，但是，僵化的知识不能化为好习惯，在生活上终身受用。夏先生写过一篇《受教育与受教材》，阐明的就是这层意思。我们想，尽我们的微力，或许对于学生界有些帮助吧，于是办起《中学生》来。我们自知所知所能都很有限，不敢处于施与者的地位，双手捧出一套东西来，待读者诸君全盘承受。我们只能与读者诸君处于同等地位，彼此商商量量，共学互勉，就在这中间受到一些名副其实的教育。我们说“帮助”，意思就在于此。这个作风是夏先生开创的，后来杂志虽然不归他编了，作风可没有改变。现在夏先生离开我们了，我们自然要继承他的遗志，凭本志给学生界一些帮助，永远不改变。

在目前的读者诸君中，认识夏先生的想来不多。但是，由于本志，由于他所著译的《平屋杂文》《爱的教育》等书，由于他参加创办的开明书店，心目中有个夏先生在的，为数一定不少。现在我们宣布夏先生逝世的消息，诸君该会恻然伤神，悼念这位神交的朋友。在这儿，容我们叙述关于夏先生的几点，供诸君悼念他的时候参考。

夏先生幼年在家塾读书，学作八股文，十六岁上考取了秀才。十七岁开始受新式教育，考进上海的中西学院，只读了一学期。十八岁进绍兴府学堂，也只读了一学期。后来往日本留学，先进宏文学院普通科；没等到毕业，考进东京高等工业学校。不到一年，就因费用不给回国，开始当教员，那时他二十一岁。他受学校教育的时期非常之短，没有在什么学校毕过业，没有领过一张毕业文凭。他对于社会人生的看法，对于立身处世的态度，对于学术思想的理解，对于文学艺术的鉴赏，都是从读书、交朋友、面对现实得来的，换一句说，都是从自学得来的。他没有创立系统的学说，没有建立伟大的功业，可是，他正直地过了一辈子，识与不识的人一致承认他有独立不倚的人格。自学能够达到这个地步，也就是大大的成功了。如果有怀疑自学的人，我们要郑重地告诉他，请看夏先生的榜样。

夏先生当教师，没有什么特别的秘诀，用两句话就可以概括：对学生诚恳，对教务认真。人生在世，举措有种种，方式也有种种，可是扼要说来，不外乎对人对事两项。对学生诚恳，对教务认真，在教师的立场上，可以说已经抓住了对人对事两项的要点。所以他的许多学生虽然已届中年，没有不感到永远乐于与他亲近的。分处两地的写信给他，同在一地的时常去看望他，与他谈论或大或小的事，向他表示种种的关切。偶尔有几个见解与他违异，或者因为行为不检，思想谬误，受过他当面或背后的指斥，他们仍然真心地爱他，口头心头总是恭敬地叫他“夏先生”。在他殡殓的那一天，他的一位学生朱稣典先生走进殡仪馆就含着眼泪，眼圈红红的，直到遗体入殓，没有能抑制他的悲戚。朱先生五十光景了，已经留须，牙齿也有脱落，看见这么一位老学生伤悼他的老师，真令人感动，同时觉得必须是这样的老师才不愧为老师。目前的教育要彻底改革，已经毫无疑问，可是教育无论如何改革，总得通过教师才会见实效。我们期望像夏先生那样的教师逐渐多起来，配合着今后政治经济种种的改革，守住教育的岗位，对学生诚恳，对教务认真。

上月二十二日上午，距离夏先生逝世三十四小时半，夏先生朝社友叶圣陶说了如下的话：“胜利，到底啥人胜利——无从说起！”说这话以前，他已曾昏迷过好几回，说这话的时候却是清醒的，病容上那副悲天悯人的神色，令人永远不忘。胜利消息传来的那一夜他兴奋得睡不成觉，在八个月之后，在他逝世的前一天，却勉力挣扎说出这样的话来，可见几个月来他的伤痛很深。他那伤痛不是他个人的，是我国全体老百姓的，老百姓经历了耳闻目睹以及身受的种种，谁不伤痛，谁不想问一声：“胜利，到底啥人胜利？”自私自利的那批家伙太可恶了，他们攘夺了老百姓的胜利，以致应分得到胜利的老百姓得不到胜利。但是我们要虔敬地回答夏先生，胜利终会属于老百姓的，这是事势之必然。老百姓要生活，要好好地生活；要物质上精神上都够得上标准的生活，非胜利不可。胜利不到手，非努力争取不可。努力复努力，争取复争取，最后胜利属于老百姓。夏先生，你安心地休息吧，待你五年祭十年祭的时候，我们将告诉你老百姓已经得到了胜利的消息。

1946年5月1日作，刊《中学生》总175期，署名本刊同人。

朱佩弦先生

本志的一位老朋友，也是读者们熟悉的一位老朋友，朱佩弦（自清）先生，于八月十二日去世了。认识他的人都很感伤，不认识他可是读过他的文字，或者仅仅读过他那篇《背影》的人也必然感到惋惜。现在我们来谈谈朱先生。

他是国立清华大学的教授，任职已经二十多年。以前在浙江省好几个中学当教师，也在吴淞中国公学中学部教过书。他毕了北京大学的业就当教师，一直没有间断。担任的功课是国文和本国文学。他的病拖了十五年左右。工作繁忙，处事又认真，经济不宽裕，又遇到八年的（全面）抗战，不能好好治疗，休养。早经医生诊断，他的病是十二指肠溃疡，应当开割。但是也有医生说可以不开割，他就只服些药品了事。本年八月六日病又大发作，痛不可当，才往北大医院开割。大概是身体太亏了，几次消息传来，都说还在危险期中。延了六天，就去世了。他今年五十一岁。

他是个尽职的胜任的国文教师和文学教师。教师有所谓“预备”的功夫，他是一向做这个功夫的。不论教材的难易深浅，授课以前总要揣摩，把必须给学生解释或提示的记下来。一课完毕，往往满头是汗，连擦不止。看他的神色，如果表现出舒适愉快，这一课是教得满意了，如果有点儿紧张，眉头皱紧，就可以知道他这一课教得不怎么惬意。他教导学生采取一种平凡不过也切实不过的见解：欣赏跟领受着根在了解跟分析，不了解，不分析，无所谓欣赏跟领受。了解跟分析的基础在语言文字方面，因为我们跟作者接触凭藉语言文字，而且单只凭藉语言文字。一个字的含胡，一句话的不求甚解，全是了解跟分析的障碍。打通了语言文字，这才可以触及作者的心，知道作者的心意中为什么起这样的波澜，写成这样的一篇文字或一本书。这时候，说欣赏也好，说领受也好，总之把作者的东西消化了，化为自身的血肉，生活上的补益品了。他多年来在语文教学方面用力，实践而外，又写了不少文篇，主要的宗旨无非如此。我们想，这是值得青年朋友注意的。好文字好作品拿在手里，如果没有办法对付它，好只好在它那里，与我全不相干。意识跟观点等等固然重要，可是不通过语言文字的关，就没法彻底分析意识跟观点等等。不要以为语言文字只是枝节，要知道离开了这些枝节，就没有另外的什么大本。

他是个不断求知不惮请教的人。到一处地方，无论风俗人情，事态物理，都像孔子入了太庙似的“每事问”，有时使旁边的人觉得他问得有点儿土气，不漂亮。其实这样想的人未免“故步自封”。不明白，不懂得，心里可真愿意明白，懂得，请教人家又有什么难为情的？在文学研究方面，这种精神使他经常接触书刊论文，经常阅读新出的作品，不但理解这些，而且与这些同其呼吸。依一般见解说，身为大学教授，自己当然有已经形成的一套，就把这一套传授给弟子，那是分内的事。很有些教授就是这么做的，大家也认为他们是行所当然。可是朱先生不然，他教育青年们，也随时受青年们的教育。单就他对于新体诗的见解而言，他历年来关心新体诗的发展，认明新体诗的今后的方向，是受着一班青年诗人的教育的，他的那些论诗的文字就是证据。但是，同样在大学里当教授的，以及在中学里当教师的，以及非教师的知识分子，很有说新体诗“算什么东西”的，简直认为胡闹。若不是朱先生的识力太幼稚短浅，就该是那些人太不理会时代的脉搏了。

他待人接物极诚恳，与他做朋友的没有不爱他，分别时深切的相思，会面时亲密地晤叙，不必细说。他在中学任教的时候就与学生亲近，并不是为了什么作用去拉拢学生，是他的教学和态度使学生自然乐意亲近他，与他谈话和玩儿。这也很寻常，所谓教育原不限于教几本书讲几篇文章。不知道什么缘故，我国的教育偏偏有些别扭，教师跟学生俨然像压迫者跟被压迫者，这才见得亲近学生的教师有点儿稀罕，说他好的认为难能可贵，说他坏的就不免说也许别有用心了。他在大学里还是如此，学生是朋友，他哪里肯疏远朋友呢？可是他决不是到处随和的好好先生，他督责功课是严的，没有理由的要求是决不答应的，当过他的学生的都可以作证明。学生对于好好先生当然不至于有什么恶感，可也不会有太多的好感，尤其不会由敬而生爱。像朱先生那样的教师，实践了古人所说的“教学相长”，有亲切的友谊，又有坚强的责任感，这才自然而然成为学生敬爱的对象。据报纸所载的北平电讯说，他入殓的当儿，在场的学生都哭了。哭当然由于哀伤，而在送死的时候这么哀伤，不是由于平日的敬爱已深吗？

他作文，作诗，编书，都极其用心，下笔不怎么快，有点儿矜持。非自以为心安理得的意见决不乱写。不惮烦劳地翻检有关的资料。文稿发了出去，发见有些小节目要改动，乃至一个字还欠妥，总要特地写封信去，把它改了过来才满意。他早期的散文如《匆匆》《荷塘月色》《桨声灯影里的秦淮河》都有点儿做作，过于注重修辞，见得不怎么自然。到了写《欧游杂记》《伦敦杂记》的时候就不然了，全写口语，从口语中提取有效的表现方式，虽然有时候还带一些文言成分，但是念起来上口、有现代口语的韵味，叫人觉得这是现代人说的话，不是不尴不尬的“白话文”。当世作者的文字，多数是不尴不尬的“白话文”，面貌像说话，可是决没有一个人真会说那样的话。还有些文字全从文言而来，把“之乎者也”换成“的了吗呢”，格调跟腔拍却是文言。照我们想，现代语跟文言是两回事，不写口语便罢，要写口语就得写真正的口语。自然，口语还得问什么人的口语，各种人的生活经验不同，口语也就两样。朱先生写的只是知识分子的口语，念给劳苦大众听未必了然。但是，像朱先生那样切于求知，乐意亲近他人，对于语言又有高度的敏感，他如果生活在劳苦大众中间，我们料想他必然也能写劳苦大众的口语。话不要说远了。近年来他的文字越见得周密妥帖，可又极其平淡质朴，读下去真个像跟他面对面坐着，听他亲切的谈话。现在大学里如果开现代本国文学的课程，或者有人编现代本国文学史，论到文体的完美，文字的全写口语，朱先生该是首先提到的。他早年作新体诗不少，后来不大作了，可是一直关心新体诗，时常写关于新体诗的文字，那些文字也是研究现代本国文学的重要资料。他也作旧体诗，只写给朋友们看看，发表的很少。旧体诗的形式限制了内容，一作旧体诗，思想感情就不免跟古人接近，跟现代人疏远。作旧体诗自己消遣，原也没有什么，发表给大家看，那就不足为训了。

他的著作已经出版的记在这里。散文有《踪迹》的第二辑（亚东版，第一辑是新体诗）、《背影》、《欧游杂记》、《伦敦杂记》（开明版）、《你我》（商务版）五种。新体诗除了《踪迹》的第一辑，又有《雪朝》里的一辑（《雪朝》是八个人的诗集，每人一辑，商务版）。文学论文集有《诗言志辨》（开明版），大意说我国的文学批评开始于论诗，论诗的纲领是“诗教”跟“诗言志”，这一直影响着历代的文学批评，化为种种意见跟理论。谈文学的文集有《标准与尺度》（文光版）跟《论雅俗共赏》（观察版）两种，都是近年来的作品。用他自己的话说，他“企图从现代的立场上来了解传统”，“所谓现代的立场，按我的了解，可以说就是‘雅俗共赏’的立场，也可以说是偏重俗人或常人的立场，也可以说是近于人民的立场”。（《论雅俗共赏》序文中的话）从这中间可以见到他日进不已的精神。又有《语文零拾》（名山版）一种。《新诗杂话》（作家版）专收论诗之作，谈新体诗的倾向跟前途，也谈国外的诗。《经典常谈》（文光版）介绍我国四部的要籍，采用最新最可靠的结论，深入而浅出，对于古典教学极有用处。论国文教学的文字收入《国文教学》（开明版，与圣陶的同类文字合在一块儿）。又有《精读指导举隅》《略读指导举隅》（商务版，与圣陶合作），这两本书类似“教案”，希望同行举一而反三。他编的东西有《新文学大系》中的诗选一册（良友版）。去年的大工程是编辑《闻一多全集》（开明版）。今年与吕叔湘先生和圣陶合编《开明高级国文读本》《开明文言读本》，预定各编六册，编到第二册的半中间，他就与他的同伴分手了。

看前面开列的，可知他毕生尽力地不出国文跟文学。他在学校里教的也是这些。“思不出其位”，一点一滴地做去，直到他倒下，从这里可以见到一个完美的人格。

1948 年 8 月 16 日作，刊《中学生》月刊总 202 期，署名圣陶。

图书在版编目（CIP）数据

如果我当教师/ 叶圣陶著. —长沙：湖南人民出版社，2022.5
ISBN 978-7-5561-2703-0

I. ①如… II. ①叶… III. ①叶圣陶（1894–1988）—教育思想—文集 IV. ①G40–092.7

中国版本图书馆CIP数据核字（2021）第085970号

RUGUO WO DANG JIAOSHI
如果我当教师

著　　者：叶圣陶
出版统筹：陈　实
监　　制：傅钦伟
责任编辑：田　野　姚忠林
责任校对：唐水兰
封面设计：袁　芳

出版发行：湖南人民出版社有限责任公司［http://www.hnppp.com］
地　　址：长沙市营盘东路3号　邮　　编：410005　电　　话：0731-82683357

印　　刷：湖南省汇昌印务有限公司
版　　次：2022年5月第1版　印　　次：2022年5月第1次印刷
开　　本：880 mm × 1230 mm　1/32　印　　张：6.5
字　　数：130千字
书　　号：ISBN 978-7-5561-2703-0
定　　价：42.00元

营销电话：0731-82683348（如发现印装质量问题请与出版社调换）